KB212243

CHRIST ON TRIAL

심판대에 선 그리스도

우리의 판단을 뒤흔드는 복음에 관하여

이 도서의 국립중앙도서관 출판예정도서목록(CIP)은
서지정보유통지원시스템 홈페이지(http://seoji.nl.go.kr)와
국가자료공동목록시스템(http://www.nl.go.kr/kolisnet)에서
이용하실 수 있습니다. (CIP제어번호 : 2018026985)

CHRIST ON TRIAL

심판대에 선 그리스도

우리의 판단을 뒤흔드는 복음에 관하여

로완 윌리엄스 지음

민경찬·손승우 옮김

비아

| 차례 |

일러두기

1. 역자 주석의 경우 *표시를 해 두었습니다.
2. 성서 표기와 인용은 원칙적으로 『공동번역개정판』(1999)을 따르되 원문과 지나치게 차이가 날 경우에는 대한성서공회판 『새번역』(2001)을 따랐음을, 또한 지나치게 차이가 날 경우에는 역자들이 영어 본문을 한국어로 옮겼음을 밝힙니다.

주님,

당신은 겸손과 고통과 죽음을 통해

저를 모든 헛된 희망에서 구해내셨습니다.

이제 저의 희망은 인간의 눈으로

지금까지 한 번도 보지 못한 것에 있습니다.

그러니 저로 하여금 눈에 보이는 보상을 믿지 않게 해주소서.

저의 희망은 인간의 가슴으로 느낄 수 없는 것에 있습니다.

그러니 저로 하여금 제 가슴의 느낌을 신뢰하지 않게 해주소서.

저의 희망은 인간의 손으로 지금까지 한 번도

만져보지 못한 것에 있습니다.

그러니 저로 하여금 제 손으로 잡을 수 있는 것을

믿지 않게 해주소서.

… 저의 믿음을 저 자신이 아니라 당신의 사랑에 두게 하소서.

저의 희망을 건강이나, 권력이나 능력이나 재능에 두지 않고

당신의 사랑에 두게 하소서.

- 토머스 머튼, 『침묵 속에 만남』 中

| 캔터베리 대주교 서문 |

로완 윌리엄스 주교는 그리스도교 신앙의 진리 깊은 곳까지 독자들을 인도해 이전에는 미처 알지 못했던 지평을 볼 수 있게 해주는 특별한 재능을 갖고 있습니다. 인간의 본성에 대한 그의 관찰은 예리하기 그지없으며, 이에 못지않게 성서를 향한 사랑 또한 뜨겁습니다. 『심판대에 선 그리스도』에서 그의 인간에 대한 통찰과 성서를 향한 사랑은 서로 맞물려 아름다운 화음을 이룹니다.

책을 의뢰하며 우리는 저자에게 주제를 직접 선정하게 했습니다. 로완 주교가 서문에서 밝혔듯 이 책은 네 명의 복음서 저자들이 바라본 그리스도의 재판 장면을 집중적으로 다룹니다. 그리스도께서 재판받으시는 장면에 주목하는 것은 그리 익숙한 일이 아닙니다. 그러나 그가 지적하듯 복음서 이야기에서 이 재판들은 매우 중요한 위치를 차지합니다. 십자가 처형과 부활이라는, 상대적으로 친숙한 부분에 도달하기 위해 이 부분을 성급히 지나쳐 버린다면 우리는 복음서가 진실로 이야기하는 바를 놓쳐버림은 물론 우리의 모습 또한 제대로 바라보지 못하게 됩니다.

잠시 멈추어 서서, 복음서 저자들이 그리고 있는 재판 장면에서 무엇이 일어나고 있는지를 응시할 때 우리는 연약함과 무력함을 고스란히 겪고 계시는 하느님을 마주하게 됩니다. 그리스도께서 당신 생의 가장 가혹한 지점에 당도했을 때 이를 어떻게 바라보셨는지를 살핌으로써 우리는 우리가 삶에서 마주하게 되는 수많은 문제를 그분께서 어떻게 이해하셨는지 성찰해보게 됩니다. 그리고 우리가 소중히 여기는 수많은 것들(권력, 영향력, 위신)에 그분이 어떠한 방식으로 도전하시는지를 숙고해 보게 됩니다.

천천히 읽고 내용을 충분히 음미하시기를 바랍니다. 이 책은 깊은 묵상과 기도의 산물이며 그렇기에 여러분도 같은 방식으로, 깊은 묵상과 기도 아래 이 책을 읽을 때 가장 큰 유익을 얻을 수 있을 것입니다. 하느님의 축복이 늘 함께하기를 바랍니다.

캔터베리 대주교

조지 캐리George Carey

빌라도는 예수께 "진리가 무엇인가?" 하고 물었다. (요한 18:38)

들어가며

진실을 찾아서

우리는 자주 '시험'trial에 관해 이야기합니다. 굳이 법정에 서지 않더라도('재판'trial을 받지 않더라도) 우리 일상은 다채로운 '시험들'trials로 이루어져 있습니다. 사람들은 곧잘 시행착오trial and error를 통해 배운다고 말합니다. 차를 사기 전에는 시험 운전trial run을 하지요. 시련을 겪은 뒤에는 농담 반 진담 반으로 "나를 시험하기 위해 일어난 일이었나 봐"라고 말할 때도 있습니다. 신문에는 새로운 약이 임상시험clinical trial 중이라는 기사가 올라오고, 일련의 일들로 가까이 지냈던 이들의 우정이 '시험대 위에 올랐다'는 소식도 들립니다. 한때 서구에서는 결혼 전에 '시험 결혼'trial marriages 단계를 거치는 것이 화제가 된 적도 있습니다. 이렇듯 우리는 시험, 재판, 시행이라는 말을 다양한 순간에, 다양한 방식으로 씁니다. 그렇다면 이 모든 말에 공통으로 담긴 뜻은 무엇일까요?

간단하게 답하자면 진실을 밝혀내기 위한 시도라는 것입니다. 시험은 진실을 밝혀내기 위한 시도입니다. 사람이든, 물건이든, 의약품이든, 일 처리 방식이든 시험을 거친 뒤에야 우리는 첫인상을 넘어서 그 사람이 어떤 사람인지, 그 물건이 어떠한 쓰임새를 지녔는지, 그 약에 어떤 효능과 부작용이 있는지, 그 일 처리 방식이 어떻게 작동하는지를 더 깊이 이해할 수 있습니다. 법정에, 심판대에 올라서는 것, '재판'trial이라는 절차를 밟는 이유도 마찬가지입니다. 누군가를 법정에, 심판대에 세우는 이유는 그가 진정으로 책임져야 할 부분이 있는지, 있다면 어디까지인지를 밝히는 데 있습니다.

시험이라는 단어를 다양하게, 모호하게 쓴다는 것이 꼭 나쁘지만은 않습니다. 여기에는 유익한 점이 있습니다. 우리는 삶에서 마지못해 참고 견뎌야 하는 일들을 가리킬 때도 '시험'이라는 말을 씁니다. 여기에는 우리가 이 말을 무의식적으로 쓰는 것 이상으로 더 깊고 무거운 의미가 담겨 있습니다. 즉, 우리가 무언가를 참고 견뎌야 한다는 사실은 올바른 삶을 발견하는 과정, 우리 자신에 대한 진실을 발견하는 과정과 밀접한 관련이 있습니다. 한 개인으로든 인류의 구성원으로든 인간으로 살아간다는 것은 몹시 어려우나 그렇다고 해서 다른 누군가에게 떠넘길 수도 없는 '시험'입니다. 이 시험은 결코 달갑지 않습니다. 그러나 이 시험은 우리가 진정 무엇이며 누구인지를 알려줍니다.

심판대에 선 하느님?

시험이 지니는 이 같은 의미, 곧 시험이 진실을 찾아가는 여정이라는 생각은 그리스도교 전통에서 매우 쉽게 발견할 수 있습니다. 구약성서는 곧잘 고난을 금과 은을 정련하는 도가니로 묘사합니다. 또한 구약성서에서 가장 난해하면서도 탁월한 문헌인 욥기에서는 하늘의 법정에서 벌어지는 일들을 보여줌으로써 이 세상에서 일어나는, 감을 잡을 수도, 의미를 알 수도 없는 고난에 대해 숙고합니다. 주인공 욥은 (그 자신은 이 사실을 알지 못하나) 하느님의 법정, 하느님께서 세우신 '심판대'에 서 있습니다. 이 법정에서는 하느님을 향한 욥의 신실함이 자신이 선하게 살면 그에 따른 보상을 해주실 것이라는 기대에 의존하고 있는지, 있다면 얼마나 그러한지를 밝혀내려 합니다. 이 신화적인 이야기에서 사탄은 기소를 맡은 검사에 불과합니다. 하느님의 묵인 아래 자신의 신분을 숨기고 욥에게 접근해 그의 반응을 유도하고 자극하기는 하나, 기본적으로 그의 역할은 의문을 제기하고 증거를 요구하는 것입니다.

이 기이한 문헌에서 가장 흥미로운 부분은 욥이 하느님께서 법정에 직접 출두하셔야 한다고 강하게 요구하는 장면입니다. 그는 하느님도 법정에 나와 기소를 당하고 재판을 받아야 한다고 말합니다. 그러나 하느님은 피고석으로 소환할 수 있는 분이 아닙니다. 설령 하느님을 증언대 위에 세운다 하더라도 인간과 신적인 힘 사이에 놓인 불균형은 공정한 재판을 불가능하게 합니다. 욥의 비통에 찬 항소는 이러한 사실에 대한 인간의 좌절에서 비롯합니다.

> 내가 반드시 재판에 청구해야만 하는 분은
> 바로 자신이 재판관이신 그분이다.
> 만에 하나 그분께서 내 요구에 응하신다 하더라도
> 과연 내 목소리에 귀를 기울이시리라고 믿을 수 있겠는가? (욥기 9:15~16)

> 반드시 알아두어라.
> 나를 이렇게 억누르는 이가 하느님이시라는 것을!
> 나를 덮어씌운 것이 그의 그물이라는 것을!
> 억울하다고 소리쳐도 아무 대답이 없고
> 호소해 보아도 시비를 가릴 법이 없네. (욥기 19:6~7)

하느님을 심판대에 서게 하는 것이 가능할까요? 그분을 법정에 세우는 일이 과연 가능한 일일까요? 욥에게 하느님께서 주신 답이란 창조주와 피조물 사이에는 공유할 수 있는 공통의 언어가 없다는 것입니다. 창조주 앞에 피조물이 할 수 있는 일이란 침묵과 경이뿐이라는 것이지요. 욥의 탄원을 쓸모없게 하는 이 단순한 답은 잔혹하기 그지없습니다. 그런데 구약성서에 있는 다른 본문은 여기서 더 나아갑니다. 예를 들어 미가서 6장에서 하느님은 이스라엘 백성을 재판에 부치십니다. 그런데 여기서 하느님은 이스라엘 백성을 심문하시기보다는, 이스라엘 백성을 향해 당신을 변론하시는 것처럼 보입니다.

> 내 백성들아, 내가 너희에게 어떻게 했느냐?
>
> 언제 너희를 괴롭혔느냐? 나에게 대답하라. (미가 6:3)

이 구절에서 하느님은 오히려 이스라엘 백성이 당신에게 내린 판결에 항소하시며 이스라엘 백성을 향한 당신의 신실함을 상기시키려고 애쓰시는 것처럼 보입니다. 미가 예언자가 하느님을 소송을 제기하는 이로 그려냈다 할지라도 역설적으로 여기서 무력한 이는 바로 하느님입니다. 하느님의 백성이 자신들의 역사를 들여다보기만 한다면 그들은 진실을 볼 수 있습니다. 하느님께서 심판대에 오르신다면, 그분이 법정에 서신다면 그분은 당신이 오랜 세월 이스라엘 백성에게 무엇을 하셨는지를 밝히 드러내실 것입니다. 그런데 여기서 침묵에 빠진 이, 상대를 향해 말을 건네려 애쓰는 이는 상대방인 인간이 아니라 하느님입니다. 창조주와 피조물 사이에 공통의 언어가 없기 때문입니다.

심판대에서 드러나는 것

이 모든 것이 심판대에 선 예수에 대해 복음서가 전하는 이야기들의 배경을 이룹니다. 또한 저는 이 이야기들에서 제가 지금까지 간략하게나마 다룬 문제들이 다른 여러 문제와 함께 드러난다고 믿습니다. 복음서와 그 이후 그리스도교 사상에서 '유혹'이라는 말이 어떻게 쓰였는지를 알려면 책 한 권을 더 써야겠지만, 복음서에서 예수가 광야에서 '유혹을 받으셨다'tempted라고 했을 때 그리스어 원어는 '시험을 받다'라는 말과 동일합니다. 복음서에 나오는 광야의 유혹 이야기들은 모두 예수의 정체를 밝혀내는 데 초점이 맞추어져 있습니다. 이 점에서 이 이야기들은 모두 연결되어 있습니다. 네 개의 유혹 이야기들은 근본적으로 예수가 누구인지를 밝히는 기록입니다.

오늘날 우리는 유혹이라는 말을 법, 선, 그리고 하느님을 거스르려는 성향을 가리킬 때 사용합니다. 진정성을 확인하려는 시험을 당하거나 자신의 참모습이 밝혀지는 경험을 했을 때 그것이 유혹이었다고 말하기도 합니다. 그런데 유혹이라는 말을 오늘날 쓰이는 의미로 발전시킨 것은 다름 아닌 그리스도교입니다. 고전 그리스어에는 오늘날 우리가 쓰는 '유혹'temptation에 상응하는 말이 없습니다. 그러나 복음서의 언어와 하느님께서 우리의 신실함을 검증하시는 체험에 대한 신학을 바탕으로, 초대 교회는 단순히 시험을 뜻하던 그리스어를 도덕적 자아와 영적 자아에서 일어나는 내적 갈등을 가리키는 말로 다듬었습니다. '페이라스모스'πειρασμός, 그리고 이와 유사한 뜻을 갖고 있던 단어들은 모두 넓은 의미에서 '시험'을 뜻했지만 기원후 5세기가 되자 영혼이 자신과 나누는 대화라는 뜻을 갖게 되었습니다. 그리스도교는 '유혹들'을 목록화하고 분석하는 한편, 유혹에 빠지지 않기 위한 다양한 방안을 고민하기 시작했습니다.

주의 기도에서 "유혹에 빠지지 않게 하시고"라는 문구가 지닌 본래 뜻이 종말에 닥쳐올 시험을 견뎌낼 수 있기를 청하는 탄원이었음이 분명한데도, 이것이 점차 사악한 이끌림에 쉬이 넘어가지 않게 해달라는 간구로 받아들여진 데에는 이러한 배경이 있습니다. 초기 그리스도교인들은 세상의 기존 질서가 무너지고 자신들의 마음을 시험할 고난이 닥쳐오리라고 생각했습니다. 그리고 마지막 순간까지 고통스러운 시험을 이겨내고 예수를 향한 한결같은 신의를 지킬 수 있기를 간절히 기도했습니다.

이어질 장들에서 저는 복음서 저자들이 예수의 심문 이야기를 어떻게 전하는지를 살피려 합니다. 그리고 이를 통해 그들이 예수에 관한, 그리고 예수를 둘러싼 진실을 어떻게 드러내는지 알아보려 합니다. 구약성서가 암시하듯 우리가 하느님을 재판에 부치려 하면 우리 자신 또한 심판대에 서게 됩니다. 이는 재판관들 앞에 선 예수와 마주할 때도 마찬가지입니다. 이때 드러나는 것은 바로 우리 자신에 대한 진실입니다. 이 책은 바로 이를 성찰하고자 합니다. 더 나아가, 후반부에서는 그리스도를 따르는 이들, 순교자들이 겪었던 시험을 살피고 예수를 심판한 재판관들의 특징, 그리고 그들이 맞이했던 운명을 오늘이라는 맥락에서 재구성해보려 합니다. 예수에 대한 심문은 하느님에 대한 심문인 동시에 우리 자신에 대한 심문입니다. 심판대에 선 그리스도는 인간과 하느님, 하느님과 인간의 상호 심문을 뜻하며, 그렇기에 이 재판은 단순한 역사 기록에 그칠 수 없습니다. 이는 신앙의 삶을 살아가는 매 순간 또다시 살아나 일어나는 현재의 문제입니다.

역사적인 문제들에 관하여

이 책의 의도는 복음서에 나오는 예수의 재판 이야기들과 관련한 역사비평적인 논의들을 제공하는 데 있지 않습니다. 이 주제에 관련해서는 무수한 연구 문헌들이 나와 있습니다. 특히 지난 30년에 걸쳐서는 이 문제를 두고 학자들이 갑론을박을 벌였지만 분명한 합의에는 이르지 못했습니다. 이에 관한 결론은 매우 다양해서, 한쪽 끝에서는 복음서 저자들이 로마와 유대 법정의 절차들에 대한 정확한 정보를 갖고 있었고 이를 복음서에 반영했다고 자신감 있게 주장하는 한편, 다른 한쪽 끝에서는 복음서의 모든 구절에 의문을 제기하는 회의적인 모습을 보입니다. 이러한 맥락에서 몇몇 학자는 복음서가 예수의 재판 장면을 전하는 과정에서 유대인 사회 지도층들의 책임을 (역사적 엄밀성을 가지고 판단하기보다) 무리하게 부각하는 이유는 로마 제국의 책임을 줄이려다 보니 생긴 결과라고 추정합니다. 그리고 어떤 학자들은 예수가 로마 정부에 대항해 폭동을 선동하다가 처형되었다고 보고 복음서 때문에 본래 예수의 활동이 지닌 정치적인 요소들이 희석되었다고 주장합니다. 이러한 주장들로 인해 재판 이야기를 둘러싼 역사적 세부사항에 관한 논의는 더 복잡하고 방대해졌습니다.

제가 보기에 마르코, 마태오, 루가가 그 당시 유대 법정 절차에 해박한 지식을 갖고 있을 가능성은 크지 않습니다. 세 사람은 모두 예수가 공식적으로 재판에 넘겨지고 선고를 받는 과정에서 유대 사회 지도층이 깊이 관여했다고 짐작합니다. 하지만 요한은 다릅니다. 요한의 복음서에서 그는 자신이 예루살렘에서 일어나는 일들에 관련된 지식을 갖고 있음을 자주 암시합니다. 그가 대사제 공관에서 벌어진 공판을 그릴 때 예수에게 혐의를 부과하려고 허둥지둥 산만하게 이루어지는 심문 장면을 기술한 것은 좀 더 실제에 부합하는 것처럼 보입니다. 대신 예수가 성전 파괴를 기도한 혐의를 받았다고 언급하는 마르코, 마태오, 루가의 기록은 유대 대사제 집단 내부에서 저 문제를 두고 예수를 처벌할 방안을 꾀했다는 오랜 전통을 잘 반영하고 있습니다.

요한의 복음서가 기록한 예수와 빌라도 사이의 예사롭지 않은 대화가 역사에서 실제로 일어난 일인지를 판단할 수 있는 사람은 오늘날 아무도 없습니다. 여기서 저 대화가 정확한 역사적 사실인지 아닌지에만 골몰한다면 우리는 저 이야기의 핵심, 영감으로 기록된 이야기가 전하는, 예수와 우리가 나누어야 할 대화라는 더 중요한 문제를 놓칠 수 있습니다.

사제들이 심문 과정에서 제기한 신성모독의 내용이 무엇이든 간에 예수가 뒤집어쓴 혐의, 그 정치적 함의의 핵심은 결국 그가 사회질서를 위협했다는 것입니다. 십자가형은 바로 이런 경우에 내리는 법적 처벌이었습니다. 그리고 이러한 처벌을 끌어내는 데는 오늘날 여러 탁월한 성서학자들이 보수와 진보 진영을 가리지 않고 주장하듯 성전과 관련된 혐의가 결정적이었습니다.

드라마와 도전

복음서 저자들은 폭력과 혼란이 얽힌 일련의 사건들을 기록합니다. 가장 보수적인 학자들조차 복음서들의 기록에 불완전한 부분이 있음을 인정합니다. 전체 사태에 대한 부족한 이해가 드러나기도 하고 직접적인 증거가 부족해 보일 때도 있으며 증언들이 부분적으로 충돌할 때도 있습니다. 이는 복음서 이야기가, 복음서 저자가 받은 영감이 어떤 기적적인 것이 아님을, 저자가 하느님에게 전지전능한 시점에서 볼 수 있는 눈을 선물 받지 않았음을 뜻합니다. 예수가 정말로 인간이었고 인간의 삶을 살았다면, 그의 삶에 대한 증언 또한 인간의 몫으로 남아 있을 수밖에 없습니다. 그리고 인간의 증언은 대개 빈틈이 있고 해석의 여지가 남기 마련입니다. 한밤중에 일어난 체포부터 시작해 허둥지둥 이루어진, 납득할 수 없는 엉성한 법적 절차를 거쳐 공개적으로 벌어진 모욕과 고문에 이르기까지, 역사적 사건으로서 예수에 대한 재판과정이 급박하고 혼란스럽게 진행되었다면 이에 대한 기록들이 차분하고 냉정하지 않다는 점, 마치 대재앙이 지나간 후에 다시 맞춰진, 파편적인 증언들의 모음처럼 읽힌다 해도 그리 놀랄 일은 아닙니다.

긍정적으로든 부정적으로든 예수의 재판을 다룬 복음서의 이야기들을 어떤 사건에 대한 수기로 읽는다면 그 의미를 제대로 파악할 수 없습니다. 복음서 저자들은 당시 사건의 급박함, 혼란스러움을 활용해 자신들이 전하고자 하는 드라마 한가운데로 독자를 인도합니다. 세부사항들과 강조점에 있어서 각 복음서의 진술들이 지니는 차이는 각기 다른 방식으로, 독자로 하여금 예수에 대한, 그리고 자기 자신에 대한 진실과 마주하게 합니다. 이 이야기들이 공통으로 그리는 심판대에 선 예수와 마주했을 때 이야기를 접하는 우리는 어떤 자극을 받을 수밖에 없고 일정하게 반응할 수밖에 없습니다. 바로 이 반응을 통해 우리가 이전에는 미처 알아차리지 못했던 우리 자신의 모습, 그리고 하느님의 모습이 드러납니다. 복음서는 과거에 일어난 일들을 단순히 있는 그대로 기록한 책이 아닙니다. 복음서는 지금 여기서 우리에게 도전을 던지는 책입니다. 심판대에 선 예수, 그리고 그의 수난 이야기는 복음서의 이러한 성격을 분명하게 보여줍니다.

오늘날 몇몇 학자는 예수의 수난 이야기가 본래는 일종의 '십자가의 길'Stations of the Cross 순례처럼 예루살렘 시내 길을 따라 예수의 마지막 시간을 묵상하는 예식에서 읽혔던 '낭독문'에서 유래했다고 주장합니다.* 분명 이 이야기들에는 전례와 드라마의 요소가 담겨 있습니다. 예수의 수난 이야기는 언제나 읽는 이에게 특별한 자리에 서기를, 예수가 겪었던 고난의 흔적을 따라가는 도상에 있기를, 그리고 그 속에서 밝혀지는 진실과 판결을 보기를 요구합니다.

이 모든 것을 염두에 두고 이 책에서는 어떤 면에서는 익숙해진 이야기들을 다시 읽어나가려 합니다. 이를 통해, 심판대에 선 예수와 더

---

* 십자가의 길은 서방 교회에서 예수의 수난과 죽음을 묵상하며 드리는 기도를 뜻하며 '고통의 길'이라고도 한다. 로마 가톨릭에서는 보통 사순절 동안 매주 금요일과 성금요일에 하며 성공회에서는 성주간에 행한다. 구체적으로는 예수가 사형선고를 받은 후 십자가를 지고 가면서 일어났던 열네 가지(14처處, Station) 중요한 사건을 형상화한 조각이나 성화를 하나하나 지나가면서 예수의 수난을 묵상하고 기도를 드린다.

불어 우리는 심판받을 것입니다. 그리고 그럼으로써 참된 자유를 얻어 진리의 빛으로 들어가게 될 것입니다. 저 피고석에 서 있는 죄수를 통해 우리는 우리가 누구인지, 그리고 하느님의 시선으로 보았을 때 우리가 무엇이 될 수 있는지를 발견하게 될 것입니다. 또한 그를 통해 우리는 우리의 창조주이자 구원자이신 분이 어떠한 분인지, 오늘날 어디서 그분을 발견할 수 있을지에 대한 단서를 찾을 수 있을 것입니다.

긍정적으로든 부정적으로든 예수의 재판을 다룬 복음서의 이야기들을 어떤 사건에 대한 수기로 읽는다면 그 의미를 제대로 파악할 수 없습니다. 복음서 저자들은 당시 사건의 급박함, 혼란스러움을 활용해 자신들이 전하고자 하는 드라마 한가운데로 독자를 인도합니다. 세부사항들과 강조점에 있어서 각 복음서의 진술들이 지니는 차이는 각기 다른 방식으로, 독자로 하여금 예수에 대한, 그리고 자기 자신에 대한 진실과 마주하게 합니다. 이 이야기들이 공통으로 그리는 심판대에 선 예수와 마주했을 때 이야기를 접하는 우리는 어떤 자극을 받을 수밖에 없고 일정하게 반응할 수밖에 없습니다. 바로 이 반응을 통해 우리가 이전에는 미처 알아차리지 못했던 우리 자신의 모습, 그리고 하느님의 모습이 드러납니다. 복음서는 과거에 일어난 일들을 단순히 있는 그대로 기록한 책이 아닙니다. 복음서는 지금 여기서 우리에게 도전을 던지는 책입니다. 심판대에 선 예수, 그리고 그의 수난 이야기는 복음서의 이러한 성격을 분명하게 보여줍니다.

대사제들과 온 의회는 예수를 사형에 처할 만한 증거를 찾고 있었으나 하나도 얻지 못하였다. 많은 사람이 거짓 증언을 하였지만 그들의 증언은 서로 일치하지 않았던 것이다. 그러자 몇 사람이 일어서서 이렇게 거짓 증언을 했다. "우리는 이 사람이 '나는 사람의 손으로 지은 이 성전을 헐어버리고 사람의 손으로 짓지 않은 새 성전을 사흘 안에 세우겠다.' 하고 큰소리치는 것을 들은 일이 있습니다." 그러나 이 증언을 하는 데도 그들의 말은 서로 일치하지 않았다. 그 때에 대사제가 한가운데 나서서 예수께 "이 사람들이 그대에게 이토록 불리한 증언을 하는데 그대는 할 말이 없는가?" 하고 물었다. 그러나 예수께서는 입을 다문 채 한마디도 대답하지 않으셨다. 대사제는 다시 "그대가 과연 찬양을 받으실 하느님의 아들 그리스도인가?" 하고 물었다. 예수께서는 "내가 바로 그다. 너희는 사람의 아들이 전능하신 분의 오른편에 앉아 있는 것과 하늘의 구름을 타고 오는 것을 볼 것이다" 하고 대답하셨다. 이 말을 듣고 대사제는 자기 옷을 찢으며 "이 이상 무슨 증거가 더 필요하겠소? 여러분은 방금 이 모독하는 말을 듣지 않았습니까? 자, 어떻게 했으면 좋겠소?" 하고 묻자 사람들은 일제히 예수는 사형감이라고 단정하였다. 어떤 자들은 예수께 침을 뱉으며 그의 얼굴을 가리고 주먹으로 치면서 "자, 누가 때렸는지 알아맞혀 보아라" 하며 조롱하였다. 경비원들도 예수께 손찌검을 하였다. (마르 14:55~65)

01

마르코 - 한밤중에 들리는 목소리

생생한 드라마

마르코의 이야기는 한 편의 영화를 떠오르게 합니다. 어떤 이야기는 독자들에게 시간을 들여 들여다보고, 분석하고, 연결점들을 살피고, 검토하고, 비교해보기를 요구합니다. 하지만 마르코의 복음서는 다릅니다. 마르코는 숨 쉴 틈도 없이 계속 독자들을 몰아칩니다. 물론 마르코의 복음서도 시간을 들여서(어쩌면 평생) 들여다보고, 분석하고, 연결점들을 살피고, 검토하고, 비교해보며 읽을 수 있습니다. 실제로 사람들은 이 문헌을 수 세기에 걸쳐 그렇게 읽어 왔습니다. 그러나 첫인상이란 쉽게 사라지지 않는 법이지요. 마르코의 복음서는 긴박감으로 가득한 문헌입니다. 신약성서를 조금이라도 공부한 이라면 이 복음서에 가장 많이 등장하는 단어가 그리스어 '유투스'εὐθύς, 즉 '곧바로'라는 사실을 알 것입니다. 하나의 사건이 일어났다 치면 곧바로 뒤이어 또 다른 사건이 일어납니다. 마르코의 복음서를 기준으로 예수의 활동 기간을 계산한다면 길어야 몇 주가 되지 않을 것입니다.

1960년대 피에르 파올로 파솔리니Pier Paolo Pasolini가 연출한 걸작 영화 「마태오 복음」The Gospel According to St.Matthew에서 예수는 긴박감 속에 제자들보다 늘 한참을 앞서 나아가며 알쏭달쏭한 말을 합니다. 분명 마태오의 복음서에도 그런 면이 있습니다만, 파솔리니가 그린 예수의 모습은 마태오의 복음서보다는 마르코의 복음서 속 예수에 훨씬 가깝습니다. 마르코가 묘사하는 예수는 어지간해서는 제자들에게 무언가를 설명하거나 계속해서 가르침을 전하는 법이 없습니다. 예수의 출생 배경이나 유년 시절에 대해서 마르코는 아무런 말도 하지 않습니다. 마르코의 복음서에서 예수는 칠흑 같은 배경을 뚫고 느닷없이 나타나 이야기의 중심 무대로 성큼성큼 들어옵니다. 그러고서는 주변에 있는 사람들이 보이는 어리석은 면모를 사정없이 질타합니다. 한 가지 예를 보자면 마르코의 복음서 8장에서 4천 명을 먹인 기적 이후 바리사이파 사람들이 표징을 보여 달라고 하자 예수는 "마음속으로 깊이 탄식"(마르 8:12)합니다. 그런 뒤 배에 올라 제자들과 대화를 나누던 중 제자들이 자신이 베푼 기적의 뜻을 알아차리지 못하자 예수는 그들을 호되게 질책합니다.

아직도 알지 못하고 깨닫지 못했느냐? 그렇게도 생각이 둔하냐?

(마르 8:17)

여기서 끝이 아닙니다. 베드로는 예수가 그리스도라고 고백하지만 얼마 되지 않아 예수가 자신에게 닥칠 수난을 예고하자 그래서는 안 된다고 반대합니다. 여기서도 예수는 베드로를 몰아세웁니다.

사탄아 물러가라. 하느님의 일은 생각하지 않고
사람의 일만 생각하는구나. (마르 8:33)

이와 유사한 일들이 계속됩니다. 예수는 자신이 말하는 것보다 더 많은 것을 알고 있습니다. 마르코가 그린 예수는 마치 아둔한 음치들에게 기본적인 화음을 설명하려 애쓰는, 천부적인 재능을 지닌 음악가처럼 보입니다. 하느님의 변혁하는 힘이 자신에게서 나와 치유가 일어날 때도 예수는 황급히 사람들에게 이를 발설하지 말라고 합니다. 그들이 이 일에 대해 입을 여는 순간 곧바로 이는 왜곡되고, 잘못 이해될 뿐임을 아는 듯 말이지요. 그리하여 예수는 어떤 지체함도 없이 '곧바로' 전진합니다. 그렇게, 자신과 함께 있는 그 누구도 생각하고 싶어 하지 않고 헤아리지도 못하는 목적지를 향해 걸음을 내딛습니다.

마르코가 그리는 드라마의 마지막 장은 14장부터 시작됩니다. 여기서부터 이야기의 흐름은 훨씬 느리게 전개됩니다. 그리고 드라마를 이루는 각 사건은 훨씬 더 상세하게 묘사됩니다. 이제 마르코는 하룻밤이라는 시간 동안 독자들을 예루살렘의 이곳저곳으로 데려갑니다. 단 하룻밤 새 일어난 이야기를 마르코는 몇 주, 몇 달, 아니 몇 년에 걸쳐 일어난 일들을 전하기 위해 할애한 것과 똑같은 분량을 할애합니다. 물론 그럼에도 그가 이야기를 전하는 방식은 바뀌지 않습니다. 영화처럼 수많은 장면이 순식간에 스쳐 지나갑니다. 앞 장들보다 훨씬 더 강렬하고 긴박하며 급작스러운 움직임들이 펼쳐집니다. 카메라는 거칠게 움직이며 폭력이 난무하는 공간을 잡아냅니다. 갑작스럽게 밝은 빛이 빛나자 독자들은 일시적으로 눈이 멉니다. 눈에 잡히는 건 혼란스러운 움직임뿐입니다. 주변은 온갖 소리로 가득 차 있으나 그 소리가 무엇을 말하는지는 거의 알아들을 수 없습니다.

눈뜰 수 없는 악몽

혼란이 가중되는 동안 우리는 점차 당혹스러울 정도로 부조리한 사건이 일어나고 있음을 인지하기 시작합니다. 선고는 이미 내려졌으며, 그러고 나서야 선고를 뒷받침할 증거를 찾기 시작합니다. 마치 루이스 캐럴Lewis Carroll이 『이상한 나라의 앨리스』Alice's Adventures in Wonderland에서 묘사한 재판 장면처럼 말이지요.

> "그럼 배심원들은 판결을 내리시오." 왕이 말했다.
>
> 오늘만 벌써 스무 번째 하는 말이었다.

이에 여왕이 말했다.

"안 돼요, 안 돼요! 먼저 형량을 결정한 다음 판결하세요!"[1]

마르코가 그리는 예수의 재판 장면들은 우리가 보통 알고 있는 재판보다는 저 『이상한 나라의 앨리스』에 나오는 재판처럼 보입니다. 좀 더 깊은 차원에서는 프란츠 카프카Franz Kafka가 쓴, 끔찍하면서도 예언자적인 상상력이 돋보이는 『소송』Der Prozess에 나오는 재판처럼 보이기도 합니다. 『소송』에 나오는 재판 과정은 도무지 이치에 맞지 않습니다. 아니, 애초에 그럴 생각이 없어 보입니다. 소설의 주인공 요제프 K는 자신의 죄가 무엇인지 알지도 못한 채 두 명의 낯선 사람에게 체포됩니다. 그는 자신이 무엇 때문에 기소당했는지 알기 위해 발버둥 치지만 결코 그 이유를 발견하지 못합니다. 그러고는 자신이 알지도 못하는 절차상 법규를 침해했다는 이야기를 듣습니다. 그는 항변하지만 오히려 이는 문제를 악화할 뿐입니다. 안타깝게도, 그리고 명백히 부조리하게도 결국 그는 버려진 채석장으로 끌려가 칼에 찔려 죽음을 맞이합니다. 이 이야기가 끔찍한 이유는 시간이 흐를수록 분명해지는 것이 무슨 일이 일어나고 있는지 모른다는 것뿐이라는 데 있습니다. 카프카의 말대로 우리는 죄를 지었다는 것만 알지 무슨 죄를 지었는지는 알지 못합니다. 우리에게는 죽음이 찾아오지만, 왜 죽어야 하는지 알지

1 Lewis Carroll, *Alice's Adventures in Wonderland* (London: HarperCollins, Armada edition, 1990), Chapter 12, 136. 『이상한 나라의 앨리스』(현대문학)

못합니다.

마르코가 묘사하는 심문 장면은 오늘날 법치가 무너진 곳에서 일상처럼 일어나는 끔찍한 일들과도 유사한 면모를 보입니다. 1930년대 모스크바에서 일어났던 공개 재판들을 떠올려 보십시오. 인종차별을 가하다가 살인을 저지른 이들에게 무죄를 선고하고 석방했던 1세기 전 미국 남부를 떠올려 보십시오. 오늘날에도 우리는 (미국이든 영국이든 간에) 이 문제에서 완전히 벗어나지 못했습니다. 스티븐 로런스 Stephen Lawrence 사건을 떠올려보십시오.* 군부 쿠데타로 하루아침에 '반역자'로 법정에 오른 국가 지도자들을 떠올려 보십시오.

지금 이 순간에도 이 세계에서 일어날 수 있는 일을 이야기해 볼까요? 새벽 5시에 갑자기 사람들이 문을 부수고 들이닥칩니다. 아무것도 묻지 못하게 한 채 그들은 당신이 이해할 수 없고, 무슨 답을 해야 할지도 알 수 없는 질문들을 던집니다. 당신은 창문이 다 막혀 있는 승합차에 실려 끌려다니다가, 이불 같은 것에 둘둘 싸여 아무도 없는 시골길에 던져집니다. 이 일이 있고 난 뒤 당국은 침착하고도 냉정하게 사건의 경위를 밝힙니다.

---

* 1993년 4월 22일 흑인 학생 스티븐 로런스가 런던에서 백인 5명에게 흉기로 찔려 죽음을 맞이했다. 경찰은 범인들을 잡았으나 아무도 기소하지 않았고 나중에 기소했으나 2명은 증거가 충분치 못하다는 이유로 풀려났다(2명은 사건 발생 19년 만에 유죄 판결을 받았다). 영국 사회에 만연한 인종차별주의를 보여주는 대표적인 사건으로 꼽힌다.

"그는 막대한 세금을 내지 않았습니다. 체포 당시 그는 불안정한 상태에 있었습니다. 저희가 항상 죄수들의 안전을 보장할 수는 없습니다. 네, 그의 사인은 자살로 추정됩니다. 그의 죽음에 깊은 애도를 표합니다. 하지만 이 죽음에 어떤 식으로든 정부가 연루되어 있다는 주장은 그의 죽음을 정치적으로 이용하려는 중상모략에 불과합니다. 우리는 이에 대한 어떤 항소나 탄원도 허용치 않을 것이며 다른 국가 정부가 이 사안을 두고 왈가왈부하는 것에 대해 심각한 유감을 표하는 바입니다. 그의 죄에 대한 판결은 이미 7년 전에 이루어졌으며 이미 형량은 사형이었습니다. 다만 행정상의 절차 때문에 집행이 늦어졌을 뿐입니다. 그를 정신지체자로 묘사하는 것은 부적절한 일입니다. 그의 피부색은 판결에 아무런 영향을 미치지 않았습니다."

이러한 세상에서 '권력'power은 어떠한 의미로든지 불가해한 것으로 보입니다. 이러한 권력은 누구의 물음에도 답을 주지 않으며, 그렇기에 누구도 권력이 어떻게 작동하는지에 대한 이치에 맞는 설명을 들어본 적이 없습니다. 당연히, 이러한 일들은 20세기에만 일어났던 것이 아닙니다. 움베르토 에코Umberto Eco의 소설 『장미의 이름』Il nome della rosa을 읽어 보신 분이라면 종교 재판을 진행하는 장면을 기억하실 겁니다. 소설을 쓰면서 에코는 실제 14세기 종교 재판 당시 심문관들이 쓰던 책의 내용을 거의 그대로 옮겼습니다. 책에는 무고한 피고의 대답들을 어떻게 이단으로 해석할 수 있는지에 대한 상세한 조언이 담겨 있습니다. 그럼에도 불구하고 이러한 끔찍한 일들을 수많은 국가가 아무렇지도 않게 자행한 시기, 평범한 사람들을 감시하는 데 막대한 예산을 들이기 시작한 시기는 바로 우리가 살고 있는 지금입니다. 사법체계가 비교적 건강하게 자리 잡은 국가들이라 해도 사정은 크게 다르지 않습니다(선진국에서 일부 피의자들에 대해 취하는 모습을 생각해 보십시오). 위에서 묘사한 일은 어느 먼 곳에 있는 야만 국가에서만 일어나는 일이 아닙니다. 최근 몇 년 동안 영국에 밀입국한 사람들은 이와 비슷한 일을 겪고 있습니다.

침묵을 깬 예수

마르코가 이야기하는 세계는 바로 이처럼 칠흑같이 어두운 세계입니다. 그는 우리를 낯설고 위협적인 소리로 가득 찬 어두운 곳으로 인도합니다. 우리는 이 세계가 어떻게 돌아가고 있는지 이해하려 하지도 않고, 이해할 수도 없습니다. 예수는 붙잡혀 어딘가로 끌려갑니다. 그를 죽일 근거를 얻기 위해 불법 청문회가 열리고, 매수된 이들은 거짓 증언들을 쏟아냅니다. 그러나 증언들은 서로 일치하지 않습니다. 결국 대사제는 예수에게 예수 자신이 죄인임을 실토하라고 종용합니다.

> 대사제가 물었다.
>
> "당신이 찬양을 받으실 하느님의 아들 그리스도인가?" (마르 14:61)

이 질문에 예수는 그동안 이어온 침묵을 깨뜨립니다. 심문 과정 내내 이어진 침묵이, 좀 더 중요하게는 복음서 내내 이어졌던 침묵이 깨집니다. 그때까지 그는 자신이 하느님의 아들이라는 진실을 누구도 말하지 못하게 했습니다. 귀신에게, 치유 받은 나병 환자에게, 시몬 베드로에게 그 진실을 입 밖에 내지 말라고 했습니다. 그토록 조심스럽게 지켜온 비밀을 이제 그는 단순하기 그지없는 말로 표현합니다.

"내가 바로 그다." (마르 14:62)

왜 이제야 그는 침묵을 깼던 것일까요? 그전까지 마르코의 복음서에서, 예수는 자신이 누구인지 밝히려 하지 않습니다. 자신에 대한 진실이, 자신이 아닌 다른 누군가의 입에서 나올 수 있다고 그는 생각하지 않습니다. 실제로 그에 관한 모든 말, 곧 그가 모든 상황을 주관하는 이이며 어디에서든 그가 마음만 먹는다면 무엇이든 치유를 행할 수 있다는 말, 그가 하느님의 승리를 가져올 구세주이며 기름 부음 받은 자라는 말은 진리가 아니라고, 이 세계는 말합니다. 이를 아니타 메이슨Anita Mason은 소설 『마술사』The Illusionist에서 베드로의 고백을 재구성하며 인상 깊게 표현합니다. 소설에서 베드로가 예수를 향해 그리스도라 고백하자 예수는 말합니다.

"너는 결코 말해서는 안 되는 것을 말하였다. 이제 커다란 대가를 치러야 한다. … 입 밖으로 나오는 순간 진리가 아니게 되는 진리가 있다."[2]

기억하십시오. 마르코가 그리는 세계는 이치에 따라 움직이는 세계가 아닙니다. 이 세계는 온갖 악령으로 가득합니다. 고통이 끊이질 않습니다. 권력이 끊임없이 남용됩니다. 이러한 세계에서 예수가 누구인지를 진정으로 표현할 수 있는 말이 존재할 수 있을까요? 이러한 세계에서는 그에 관해 어떻게 말하든 간에 입 밖으로 나오는 순간 이 세계가 지닌 광기의 옷을 입기 마련입니다. 이러한 세계에서 예수에 대해 무슨 말을 듣든 사람들은 그를 세상의 권력을 탐하려 하는 또 다른 야망가로, 모든 일을 제 마음대로 결정하는 무책임한 폭군으로 재단할 것입니다. 이 세계의 말들로 예수를 묘사하는 순간, 그는 이 세계 '안에서' 자기 자리를 차지하려 하는 여러 경쟁자 중 한 사람이 되고 맙니다. 그는 '비非진리'의 일부로 전락합니다.

진실이 드러나는 순간

여기서 이 재판의 의미가 명확해집니다. 바로 여기서 이 재판이 규명해낸 진실을 우리는 보게 됩니다. 이 세계에서, 대사제 앞에 선 예수는 아무 권력도 갖고 있지 않습니다. 이전에는 그랬을지도 모르나 이제는 사람들에게 어떠한 영향력도 미치지 못합니다. 벌거벗겨지고 묶

2 Anita Mason, *The Illusionist* (London: Abacus, 1983), 127.

인 채 예수는 법정에 섰습니다. 그는 이 어두운 세계를 이루는 것들과 아무런 이해관계가 없습니다. 이 세계의 권력 체계에서, 이 세계를 가득 채운 힘의 언어들에서 그는 완전히 벗어나 있습니다. 그는 죽음을 맞이할 것입니다. 이 세계가 그를 죽이기로 했기 때문입니다.

이 순간에 그는 자신이 누구인지를 너무나도 단순한 언어로 말합니다. 이 순간이야말로 예수가 자신이 누구인지를 말할 수 있는 유일한 순간입니다. 이스라엘의 하느님이 자신의 정체를 드러내시며 말씀하셨던 바로 그 이름이 자신의 이름이라고 예수는 말합니다.

"내가 바로 그다."

이어서 그는 자신을 심판하려는 이들을 향해 말합니다.

"너희는 사람의 아들이 전능하신 분의 오른편에 앉아 있는 것과
하늘의 구름을 타고 오는 것을 볼 것이다." (마르 14:62)

온전한 인간은 광기로 가득 찬 권력자들의 세계에 살지 않습니다. 그는 하느님과 함께합니다. 하느님께서 심판하시는 날, 그 날이 오면 대사제가 지배하는 세계를 가득 채운 가면들, 희화들caricatures과는 완전히 다른 참된 인간이 그 얼굴을 드러낼 것입니다.

마르코는 우리가 '초월'transcendence이라 부르는 것을 다시 생각해 보

게 합니다. 보통, '초월'이라는 말을 들으면 우리는 모든 것을 뛰어넘는 하느님의 위대하심을 떠올리지만, 이는 그저 우리가 생각하는 '거대함'과 '위대함'을 확장해 투사하는 경우가 대부분입니다. 이런 식으로 초월을 이해한다면 우리는 복음서 이야기에 나오는 베드로와 마찬가지로 예수의 삶과 죽음을 통해 드러나는 하느님의 본뜻, 그분께서 하시려는 일을 반대할 수밖에 없습니다.

진실로 하느님께서 다시 빚어내신 '초월'(완전한, 우리로서는 상상조차 할 수 없는 '다름')을 이해하고자 한다면 우리는 지금까지 진행해온 '초월'에 관한 모든 생각을 비워내야 합니다. 지금까지 생각해 온 '위대함' 혹은 '거대함'에 대한 모든 생각 또한 폐기해야 합니다. 하느님과 우리의 '간극'에 대한 관념, 모든 상황을 통제하는 '주권'에 대한 생각도 마찬가지입니다. 저 모든 생각에 권력을 추구하는 인간의 어떤 흔적도 남아 있지 않을 때, 우리는 비로소 "나는 나다"라는 하느님의 목소리를 들을 수 있습니다. 그 말이 무엇을 뜻하는지를 알 수 있습니다. 인간의 권력(힘), 나아가 인간의 자유와도 완전히 다른 힘을 느낄 수 있을 때, 즉 사형을 선고받은 죄수의 입에서 저 말을 들을 때에만 우리는 하느님의 목소리를 들을 수 있으며 그 뜻을 헤아릴 수 있습니다. 예수를 통해 드러나는, 심판대에 선 죄수의 말을 통해 드러나는 자유, 혹은 힘은 이 부조리한 세계의 범주로는 잡히지 않는, 완전히 낯선 자유입니다.

마르코가 그린 수난 이야기는 '한밤중에 들리는 목소리'입니다. 이 세계에서 하느님의 목소리는 칠흑 같은 밤이 되어야, 심판대에 선 죄수를 둘러싼 이 세계의 모든 언어가 완전히 사라지고 나서야 비로소 선명하게 들을 수 있습니다.

침묵하고 있는 죄수는 우리에게 어떠한 위안도 주지 않습니다. 그는 우리를 교화하려 하지도 않고, 우리의 불안을 달래주지도 않습니다. 여기에는 우리 자신을 위한 희망, 그리고 우리 자신이 그려낸 우리 자신에 대한 상像을 보호해주는 그 어떤 것도 존재하지 않습니다. 바로 그렇기 때문에 우리는 하느님께서 자신의 이름을 말씀하신 그대로 당신의 이름을 말하는 예수의 목소리를 들을 수 있습니다. 예수가 법정에서 침묵을 깬 이유는 바로 그 순간이 자신이 말하는 것이 사람들에게 들릴 수 있는 유일한 순간이었기 때문입니다. 적어도 그 순간에는 그가 말하는 바를 착각할 위험, 열망을 투사한 말들로 그를 묘사할 위험이 존재하지 않습니다.

"내가 바로 그다."

예수는 그리스도입니다. 이제 우리가 할 수 있는 일은 바로 저 예수가 우리의 상상력과 언어를 다시 빚어내게 하는 것입니다. 이제 그에게는 아무 할 말도 남아 있지 않습니다. 이 시점부터 수난 이야기가 마무리 될 때까지 그가 입 밖으로 낸 유일한 말은 십자가 위에서 외친 절규뿐입니다.

나의 하느님, 나의 하느님, 어찌하여 나를 버리셨나이까? (마르 15:34)

마르코의 복음서에서 예수는 빌라도에게 아무런 말도 하지 않습니다(이는 이 세계의 총독 빌라도에게 그가 헤아릴 수 없는 말들을 남기며 도전하는 예수의 모습을 그리는 요한의 복음서와는 극명한 대비를 이룹니다). 이제 그에게 남은 일은 죽음뿐입니다. 대사제 앞에서 자신의 정체를 말한 예수는 군중에게 넘겨집니다. 군중은 그에게 모욕을 퍼붓습니다. 그를 구타합니다. 예언자처럼 해보라며 조롱합니다. 예수는 아무런 말도 하지 않습니다. 그의 예언자적인 말, 그리고 만물을 변혁하는 그의 활동은 이제 오직 수난과 죽음을 통해 드러납니다. 예수의 침묵은 모든 것을 회복하는 침묵입니다. 우리는 마르코의 인도를 따라 이 침묵과 마주하고, 이를 우리가 품고 있는 생각에 맞춰 이해하려는 노력을 포기해야 합니다. 복음서 내내 예수는 자신이 진정 누구인지 밝히려 하지 않았습니다. 심판대에 설 때까지 말이지요. 그때까지 그는 이 세계에서 자신의 곁에 있는 이들과 이야기를 나누었고 활동했습니다. 바로 그렇기 때문에 사람들은 예수를 오해할 수 있었습니다. 그때까지 사람들은 그를 어떤 위대한 사람, 기적을 일으키는 사람, 이 세계 '안에' 있는 어떤 힘을 가지고 (이 세계의 다른 세력들과 경쟁하며) 자신이 뜻했던 바를 성공적으로 이뤄내는 이로 여겼습니다. 그러나 이제는 아닙니다.

이렇게 마르코가 쓴 예수의 법정 이야기는 힘과 의미에 대한 우리의 이해에 심판을 내립니다. 그가 그린 심판대에 선 예수 이야기의 핵심부에 있는 이 낯선 순간을 지나쳐버린다면 우리는 하느님을, 예수를 통해 드러나는 하느님을 잘못 이해하게 될 것입니다. '우리 중'에서 가장 높고 고귀한 존재, '우리 중'에서 가장 강한 존재로 그분을 이해하게 될 것입니다. 하느님을 '우리 중'에서 가장 현명한 분, 가장 거룩한 분, 가장 신령한 분으로 이해하는 것 역시 마찬가지입니다. 이러한 왜곡된 이해는 하느님의 성취를 곧바로 '우리'의 성공과 동일시하고, 하느님의 지배를 곧바로 '우리'의 지배와 동일시하는 섣부르고 잘못된 생각을 낳습니다. 이 세계의 실패, 우리의 실패가 어떤 식으로든 하느님이 계시지 않음을 가리킨다고 믿는 것은 바로 이 때문입니다.

우리가 지금 마주하는 이 사람, 이 순간 그 상황에서 "내가 바로 그다"라고 말하는 이 사람은 전혀 현명해 보이지 않습니다. 거룩해 보이지도 않습니다. 심지어 존중할 만한 인간으로, 나름대로 인상적인 인간으로 보이지도 않습니다. 그에게서는 우리의 "눈길을 끌 만한"(이사 53:2) 그 어떠한 모습도 찾아볼 수 없습니다. 그러나 우리가 가진 모든 것을 내려놓고 우리 눈앞에 있는 이 사람, 심판대에 선 이 사람이야 말로 참 하느님이라는 경이로운 선언에 귀를 기울인다면 우리가 할 수 있는 행동은 오직 침묵뿐입니다. 지금까지 우리가 신중하게, 그리고 주도면밀하게 품고 있던 모든 기대가 전복되기 때문입니다.

내가 여기 있으니

마르코가 그린 심판대에 선 그리스도는 우리에게 언제, 어느 곳에서 하느님을 가장 분명하게 보고 들을 수 있느냐는 질문을 던집니다. 광기로 가득 찬 법정을 향해 예수는 말합니다.

"내가 바로 그다."

예수는 그리스도입니다. 그는 자신이 이 세계에서 어떤 성공을 거두었기 때문에 자신이 그리스도라 말하지 않습니다. 그리고 자신의 행동이 어떠한 결과를 낳을 거라 확신하기 때문에 자신을 그리스도라 말한 것도 아닙니다.

이처럼, 마르코는 이 세상의 성공이나 결과에서 완전히 벗어나 있을 때, 그곳에서 우리는 하느님을 가장 분명하게 보고 들을 수 있다고 이야기합니다. 때로 사람들은 자신의 신념을 극적으로 표현하기 위해서, 혹은 어떤 결과를 이루어내기 위해서가 아니라 정직하게, 그렇게 하지 않고서는 달리 도리가 없기 때문에 어떤 행동을 취하고 입장을 표명할 때가 있습니다. 다니엘서에 나오는, 느부갓네살 왕이 사형 선고를 내리자 세 명의 젊은이가 취한 반응은 그 대표적인 예입니다.

사드락과 메삭과 아벳느고가 느부갓네살 왕에게 대답했다. "저희는 임금님께서 물으시는 말씀에 대답할 마음이 없습니다. 저희가 섬기는 하느님께서 저희를 구해 주실 힘이 있으시면 임금님께서 활활 타는 화덕에 집어넣으셔도 거기에서 저희를 구해 주실 것입니다. 비록 그렇게 되지 않더라도 저희는 임금님의 신을 섬기거나 임금님께서 세우신 금 신상 앞에 절할 수 없습니다." (다니 3:16~18)

"비록 그렇게 되지 않더라도", 이들의 행동은 결과에 의존하지 않습니다. 그들은 그렇게 해야만 했기 때문에 그렇게 행동했을 뿐입니다. 다니엘서의 저자는 안티오코스 왕Antiochus에게 핍박받던 모든 이들, 그러나 저 세 젊은이처럼 구출되지는 못한 이들을 염두에 두고 이야기를 썼습니다. 이러한 방식으로 그는 사람들이 안티오코스에게 맞설 때 하느님과 맺은 계약서에는 당신께서 기적을 일으켜 그들을 구하겠다는 조항은 없었음을, 그들도 그러한 사실을 너무나 잘 알고 있었음을 기록으로 남겼습니다.

그렇다면 이러한 저항은 어떤 의미가 있는 것일까요? 소설 『우발적인 인간』An Accidental Man에서 작가 아이리스 머독Iris Murdoch은 베트남 전쟁 당시 영국에서 공부하고 있던 미국 청년 루드비히 레퍼리에의 갈등과 고뇌를 다룹니다. 레퍼리에는 갈림길에 놓여 있습니다. 미국에 돌아가 징집을 거부하고 감옥에 들어가는 것을 감수할 것인지, 영국에 정착해 학자로서의 경력을 이어가면서 막대한 재산을 물려받은 상속녀이자 사랑스러운 자신의 약혼녀와 결혼을 할 것인지 말이지요. 이때 과연 고국에 돌아간다는 것은 무슨 의미가 있을까요? 레퍼리에 한 사람이 징집을 거부한다고 해서 전쟁에 미치는 영향은 아무것도 없습니다. 오히려 자신의 학자로서의 이력이 끊기고 상당한 시간을 감옥에서 보낼 확률만 높아질 뿐입니다. 그는 절박한 마음으로 지혜를 찾아 헤맵니다. 처음에 그는 자신에게 면죄부를 줄 사람, 미국에 돌아가지 않는 것이 올바른 선택이라고 말해줄 사람을 찾습니다. 그러나 그는 점차 자기 주변에서 일어나는 죽음들, 절망 어린 소식들과 마주하며 도덕적인 존재로서의 자신이 사라지고 있다는 느낌을 받게 됩니다. 그리하여 그는 결혼 약속을 깨고 고국으로 돌아갑니다. 이후 결과는 쓰라리기 그지없습니다. 영국에서 친밀하게 지냈던 사람들은 순식간에 레퍼리에의 존재를 잊습니다. 심지어 그의 전 약혼녀조차 말이지요.

다시 돌아가, 그는 결단을 내리기 전 영적 통찰력을 갖춘 것으로 명망이 있던 노인에게 자신의 고민을 털어놓습니다. 노인은 어느 동유럽 국가의 전체주의 정권 시절에 있었던 시위 이야기를 들려줍니다.

"어느 작가를 기소한 정부에 이의를 제기하는 차원에서 사람들이 집회를 열었다네. … 대중은 그들에게 무관심했고 집회는 별다른 성과를 내지 못하는 것 같았지. 그들은 너무나 외로워 보였어. 마치 어떤 그림의 한쪽 구석 마냥… 무슨 느낌인지 알겠나? 예상대로 무수한 사람이 시선을 회피하며 지나갔다네. 집회에 모인 이들이 소리를 외치면 외칠수록 사람들의 발걸음은 더 빨라졌지. 그런데, 한 남자가 시위대를 향해 다가왔어. 처음에는 그 또한 그냥 지나쳐 가는 것 같았는데 말이야. 그는 잠시 망설이다 주위를 둘러보고선 시위하는 쪽으로 다가가 집회에 모인 한 사람 한 사람과 악수를 나누기 시작했어. 그 순간은 뭐랄까, 정확하게 설명하기는 힘든데 말이야. 그 순간만큼은 그곳이 세계의 중심이 된 것만 같았어."[3]

"세계의 중심", 이 표현은 예수의 재판 이야기에서 예수가 말한 "내가 바로 그다"라는 말과 다르지 않습니다. 이후 레퍼리에는 고국으로 돌아가 징집을 거부하고 감옥에 가겠다고 마음을 먹고, 거대하고 추상적인 문제들과 자신이 우연히 처하게 된 상황의 접점을 찾기 위해 다시 한번 노인과 만나 이야기를 나눕니다. 노인은 신이 존재한다면 바로 그 접점에 머물 것이라고, 설령 신이 존재하지 않더라도 접점은 실재한다고 말합니다.

"그렇다면 접점이 있는 건가요?"

"순수한 두 개가 나란히 놓여 있는 것이지."

"그저 나란히 놓여 있단 말인가요?"

"그저 순수하게 말일세."[4]

이러한 물음은 하느님께서 이 세계로 들어오시는 지점, 하느님께서 나타나시는 지점이 어디인지를 묻는 물음이라 할 수 있습니다. 이들은 그리스도교 신자가 아닙니다. 그러나 이들조차 세상에 만연한 불의가

---

3 Iris Murdoch, *An Accidental Man* (London: Penguin, 1971), 273.

4 위의 책.

전혀 사라지지 않을 것임에도 자신의 모든 것을 걸어 위험을 감내하게 만드는, 별다른 효과를 낳지 않을 것임에도 무언가를 선택하도록 의무감을 지우는, 심지어 그렇게 하도록 강제하는 신비로운 무언가가 있음을 인지하고 있습니다. 이때 이 신비로운 무언가는 결코 편안하게 다가오지 않습니다. 오히려 불편하고 더 나아가 두렵기까지 합니다.

이러한 맥락에서 우리는 마르코가 그린 심판대에 선 예수에게서 당신의 모습을 드러내신 하느님을 봅니다. 마르코가 그린 심판대에 선 예수는 하느님께서 당신을 계시하시는 자리입니다. 그 하느님은 누군가로 하여금 광기와 폭력에 맞서 마땅히, 그리고 불가피하게 행동하게 하시는 분입니다. 그분이야말로 참된 현실이기 때문입니다. 그분은 무언가를 일으킴으로써 혹은 누군가를 세움으로써 폭력이 이 세계 모든 공간을 잠식하지 못하게 하십니다. 이렇게 볼 때, 하느님은 어떤 성공을 보장해주는 존재가 아니며 그렇게 될 수도 없습니다. 그분은 폭력적인 세계의 방식을 거부하는 이들이 자신이 하는 낯선 행동을 정당화할 수 있도록 확실한 설명을 제시하는 존재가 아니며 그렇게 될 수도 없습니다. 하느님을 그러한 분으로 생각하는 것은 그분을 다시금 이 세계의 패권을 두고 싸우는, 세상 마지막 날 다른 모든 세력을 압도할 힘을 지닌 일종의 '경쟁자'로 만드는 것입니다. 이러한 종류의 결단을 내릴 때, 자신이 선택한 길이 최종적인 승리를 거두리라는 단순한 확신은 있을 수 없습니다. 마르코의 복음서에서 심판대에 선 예수는 재판관인 대사제와 거짓 증언자들을 향해 말합니다.

"너희는 사람의 아들이 전능하신 분의 오른편에 앉아 있는 것과 하늘의 구름을 타고 오는 것을 볼 것이다." (마르 14:62)

예수의 이 말은 자신이 하늘로 도피할 것이라는 예언이 아닙니다. 먼 훗날 그가 복수하러 올 것이라는 저주도 아닙니다. 문맥상, 이 말은 "내가 바로 그다"라는 말을 더욱 강력하게, 분명하게 드러내는 선언입니다. 침묵하고 있던 죄수는 진실로 "찬양을 받으실 하느님의 아들"이었습니다. 유죄 판결을 받은 인간의 형상을 통해, 하느님은 영광 중에 오십니다. 하느님의 실재, (감히 말할 수 있다면) 하느님의 '가치'는 결코 우리의 안전을 보장하는 데 있지 않습니다. 이 세계에서 벗어날 가능성을 제시하는 데 있는 것도 아닙니다. 우리는 그렇게 말할 수 없습니다. 그렇게 그분을 좌지우지할 수 없습니다. 우리가 할 수 있는 것은, 오직 광기로 가득 차 있으며 폭력으로 얼룩진 이 세계가 조금도 흔들리지 않는 저항자와 마주했을 때 영광의 하느님께서 그를 통해 당신을 드러내셨음을 바로 지금 여기서 깨닫는 것뿐입니다.

쓸모없는 하느님

잉글랜드 종교개혁을 배경으로 H.F.M.프레스콧H.F.M. Prescott이 쓴 대하소설 『당나귀를 탄 사람』The Man on a Donkey은 악몽과도 같은 결말로 치닫는 일련의 사건들, 헨리 8세의 수도원 해산 조치에 맞서 로버트 애스크가 북부에서 반란을 일으키나 굴욕 속에 반란이 막이 내리고 세력이 해산되는 과정을 그립니다. 소설에서는 시종일관 배신과 절망, 정신과 육체의 고통이 이어집니다.

소설의 한 대목에서 예민한, 한편으로는 세속적인 매릭수녀원의 부원장 크리스타벨 카우퍼는 수녀원 해산을 막기 위해 온갖 노력을 기울이나 끝내 성공을 거두지 못합니다. 모든 것이 물거품이 되어 버리고 그녀는 런던에 있는 한 수도원에 묵게 됩니다. 그곳에서 그녀는 어느 나이든 수녀와 만나 이야기를 나눕니다. 나이든 수녀는 그녀에게 지금 일어나고 있는 재앙은 하느님께서 내리실 심판의 징조일지 모르며 이를 통해 수도사들과 수녀들은 진실로 자신들이 누구인지를 알게 될 것이라고 말합니다. 크리스타벨은 이 말에 동의하지 않습니다.

> 매릭수녀원 부원장은 자신을 향해 말을 건네는 온화한 피조물을 응시했다. 그녀의 말은 어떤 면에서는 감동적이었다. 설득력은 떨어졌지만, 그녀에게 자기 생각을 털어놓을 정도는 되었다. 부원장이 말했다.
> "그렇지만 설사 이 일들이 그분의 축복이라 할지라도 말입니다. … 그 다음은요?"
> "무슨 말이지요?"
> "우리가, 우리 모두가 모든 것을 잃는다면 어떻게 되는 건가요? 모든 수도원이 해산되면 그때는 너무 늦은 거잖아요."
> "무엇이 너무 늦는단 말인가요?"
> 매릭수녀원 부원장은 지금 일어나고 있는 일, 자기를 포함한 수녀원,

수도원과 하느님 사이에서 일어나고 있는 일을 물건을 파는 사람과 사는 사람이 벌이는 일종의 협상으로 생각하고 있었다. 자신의 입가에 이런저런 말이 돌아다니고 있었지만, 차마 입 밖으로 그 말을 꺼내지는 못했다.

'하느님의 보상이 너무 늦단 말입니다.'[5]

크리스타벨의 귀에는 나이든 수녀가 전하는, 한밤중에 들리는 목소리가 들리지 않습니다. 수도자의 삶이란 하느님과 벌이는 흥정, 확실한 보상을 약속하는 계약이 아님을, 해산의 위협과 공포는 수도 공동체 생활 자체에 이미, 언제나 도사리고 있음을 깨닫지 못한 것입니다.

이후 소설은 더 상황이 악화된 모습을 그립니다. 반란군의 지도자인 애스크는 동료들에게 버림받습니다. 왕은 반란을 중단하면 안전을 보장하겠다는 약속을 파기합니다. 결국 그는 요크에서 사슬에 묶여 교수형을 당합니다. 극심한 정신과 육체의 고통 가운데 죽음을 맞이하며 그는 생각합니다.

하느님께서는 승리를 거두지 않으셨다. 지금도 그렇고 머나먼 미래에도 마찬가지일 것이다. 그분이 이 세상에 오셨을 때 그분이 하신 일은 죽음을 맞이하는 것이었다. 그분은 다시 오신다 해도, 또다시 죽음을

5 H.F.M. Prescott, *The Man on a Donkey*, London: Penguin, 1952, 1969, 707.

맞이하실 것이다. 매번, 끊임없이 … 그렇게 그분은 인간의 방종과 사악함을 거슬러 자신을 무력한 존재로 만드신다. 그게 그분의 뜻이다. 설령 하느님이 우리가 기대한 하느님이 아니라 할지라도, 지렁이가 아무 말 없이 머리를 틀어 꿈틀거리며 자신이 갈 곳을 향해 나아가듯 그분의 영은 절망하는 와중에도 올곧게 선함, 거룩함, 자비를 향해 그침 없이 절룩거리며 나아간다. 설령 하느님이 우리가 기대한 하느님이 아니라 할지라도, 설령 패배자의 모습을 하고 있을지라도, 그분은 여전히 전쟁에 패배해 고문당하는 이의 마지막 사랑이시다.[6]

수년 전 출간된 『쓸모없는 하느님』God for nothing이라는 책은 우리가 우리의 언어로 하느님을 길들이는 방식에 대해 이의를 제기한 바 있습니다. 하느님을 제대로 섬길 수 없는 상황에 있을 때, 영원한 생명에 대한 희망조차 고등 수학 명제처럼 그저 추상적인 말로만 다가오는 상황에 놓일 때 비로소 하느님을 가장 분명하게 볼 수 있다고 말한다면, 사람들은 즉각적으로 반문할 것입니다. 그게 무슨 복음이냐고 말이지요. 그런 말은 전혀 기쁜 소식으로 들리지 않습니다. 하지만 생각해 보십시오. 하느님께서 하느님으로서 말을 건네신다면 어떨지를 다시 상상해 보십시오. 우리에게 안정감을 주는 무언가, 안정감을 주는 여러 존재보다 좀 더 매력적인 존재가 아닌, 하느님 그 자체를 떠올려 보십

[6] 위의 책, 765.

시오. 하느님에 관한 우리의 이야기가 안전과 안정감을 구하는 인간의 이야기를 종교 언어로 풀어낸 것에 불과하다면, 역설적으로 우리는 구원에 대해 아무런 말도 하지 못하게 될 것입니다. 그러한 이야기는 이 부조리하고 폭력적인 세계가 나아가고 있는 길과 결정적인 차이, 절대적인 차이를 갖고 있는 이야기가 아니기 때문입니다.

종교의 세계에는 이미 초월에 관한 무수한 이야기들이 있습니다. 그러나 여기에 맞서 마르코는 복음서 이야기를 통해, 무엇보다도 심판대에 선 예수 이야기를 통해, '초월'이라는 말에 우리가 알고 있는 것, 우리에게 도움이 된다고 여겨지는 것, 우리에게 안정감을 가져다주는 것을 상상 할 수 있는 최대치로 끌어올려 투사한다면 우리는 결코 '초월'에 대해 적절하게 생각할 수 없다고 말합니다. 이 세계가 나아가고 있는 길이 결코 궁극적인 길이 아니며 유일한 진리가 아님을 깨달을 때, 그때 비로소 초월은 우리에게 다가와 우리를 놀라게 할 것입니다.

로버트 애스크가 선함, 거룩함, 자비를 향해 그침 없이 나아가는 존재로 여겼던 그 존재는 순전히 자기를 위해 존재합니다. 그 존재는 자기 안에 그 본질을 갖고 있으며 그렇기에 어떤 결과에 의존하지 않습니다. 그 존재는 다른 어떤 것도 필요로 하지 않습니다. 마르코의 복음서에서 패배해 고문당하는 한 사람이 자신을 고문하는 이들을 향해 "내가 바로 그다"라고 말할 때 그는 정확히 저 독립성을 선언하고 있는 셈입니다. 그는 그저 그 자신으로 있습니다. 이런 그에게는 어떤 정당화도 필요하지 않습니다.

계속되는 이야기

물론 마르코가 심판대에 서기 전까지 예수가 했던 활동이 이 세계가 나아가는 길에 아무런 변화도 가져오지 못했다고 말하는 것은 아닙니다. 마르코의 복음서에서도 예수는 탁월한 치유자이며 귀신을 쫓아내는 사람이자 기적을 일으키는 사람입니다. 복음을 선포하는 그의 활동이 갈보리에서 끝났다고 마르코는 생각하지 않았습니다. 다만 그는 예수가 자신이 메시아임을 비밀로 했다는 점을 강조함으로써 예수를 여러 치유자, 귀신을 쫓아내는 사람, 기적을 일으키는 사람 중 한 사람으로 치부하려는 경향에 완강하게 맞섰습니다. 예수가 이 세계에 가져온 가능성은 저런 것들과 견줄 수 없습니다. 그는 진실로 이 세계가 나아가는 길을 완전히 바꾸어 놓았으며 그러한 변화는 단순히 인간이 처한 상태를 개선한 정도로 축소될 수 없습니다(이 상태가 얼마나 나아졌다고 보든 간에 말이지요).

부활에 관해 이야기할 때도 마찬가지입니다. 마르코는 부활을 일종의 수수께끼로 남겨 놓습니다. 마르코가 그린 부활 사건에서 우리는 승리를 확신케 하는 장면이 아니라, 빈 무덤을 마주하자 겁에 질려 침묵에 빠진 여인들을 봅니다. 이러한 방식으로 마르코는 예수의 부활이 이 세계에 가져온 차이가 무엇인지를 숙고하게 합니다. 부활은 비극을 뒤집은 사건일까요? 기분 좋은 결말일까요? 자신을 죽음으로 내몬, 죄에 물든 재판관을 향한 복수를 약속하는 것일까요? 아닙니다.

부활은 이전에 일어났던 일들과는 거의 접점이 없는, 전혀 예측할 수 없었던 사건입니다. 법정에서 예수가 자신의 정체를 드러낸 순간처럼 말이지요. 부활은 부활입니다. 부활은 이 세계가 나아가는 길, 심지어 죽음과 부패라는 '자연'의 길조차 예수의 삶, 예수라는 생명을 집어삼킬 수 없음을 적나라하게 보여줍니다. 심판대에서 그 모습을 드러낸 참 자유는 이제 '빈 무덤'이라는 물리적 공간, 볼 수 있는 사건으로 그 모습을 드러냅니다. 그러나 복음서가 끝날 때까지 마르코는 이것이 구체적으로 무엇을 의미하는지 아무런 말도 들려주지 않습니다. 학자들이 지적하듯 복음서를 읽는 독자들은 마르코의 복음서에는 없는 '사라진 결말'입니다. 예수의 삶, 그의 죽음, 그리고 십자가 처형 뒤에 일어난, 갈피를 잡을 수 없는 신비가 이 세계에 어떠한 차이를 빚어냈는지를 찾아내는 과제는 독자, 즉 우리의 몫으로 남습니다.

달리 말하면, 복음은 낯선 이야기, 낯선 소통 방식을 통해 그 안에 담긴 핵심 주장이 얼마나 낯선 것인지를 사람들에게 상기시키며 살아 숨 쉽니다. 그 핵심 주장이란, 이 세계로 오셔서 버림받고 실패하고 끔찍한 고난을 받으며 생을 바감한 이를 통해 하느님께서 이 세계를 다시 빚어내셨다는 말입니다. 하느님께서 그를 통해 활동하시기에, 죽음은 그를 끝장내는 것처럼 보여도 결코 끝장낼 수 없습니다. 우리의 회심과 전환을 위한 이야기가 우리에게 주어진 것은 바로 이 때문입니다. 그러므로 마르코의 복음서를 제대로 읽을 수 있는 최상의 길은 신앙의 눈으로 이 문헌을 대하는 이들의 공동체, 복음의 위와 같은 측면을 끊임없이 반복해서 드러내는 이야기들을 알고 있는 공동체, 저 복음을 다시금 삶으로 살아내는 이들을 알고 있는 공동체의 구성원이 되는 것입니다. 이러한 삶의 방식과 이야기를 통하여, 하느님의 진리를 증언하는 행위와 하느님의 진리를 드러내는 사람이 '쓸모없음'을, '아무런 유익도 없음'을 성찰할 수 있을 때, 우리는 마르코의 복음서가 전하는 메시지를 온전히 받아들일 수 있습니다.

이 책 뒷부분에서 저는 순교자들의 이야기, 특히 초기 교회 순교자들에 관한 이야기가 어떻게 그리스도교인의 진실성을 감지할 수 있는 일종의 참고 지점이 될 수 있는지 살펴보고, 어떤 면에서는 이러한 이야기들조차 우리의 방식으로 차차 길들여질 수 있음을 상기시키려 합니다. 우리는 이미 종신서원을 한 수도사나 수녀조차 예수를 따르는 것이 그 자체로 충분함을 망각할 수 있음을, 그들 역시 그들의 방식으로 길들여질 수 있음을 엿보았습니다. 교회의 역사는 무수한 사람이 크리스타벨 카우퍼 수녀처럼 생각했음을, 그리고 엄청난 대가를 치른 증언도 이내 '영적인 시장'(이 시장에서 더 많은 보상을 받으려면 더 많은 것을 포기해야 합니다)에서 거래되는 값비싼 상품으로 전락할 수 있음을 분명하게 보여줍니다.

현재를 받아들이기

또 하나 생각해 볼 거리가 있습니다. 바로 시간에 대한 우리의 태도입니다. 우리는 시간에 대한 태도를 끊임없이 검증해 보아야 합니다. 지금 이 순간 자신이 실패했음이 명백해 보이고 미래에는 이 모든 일이 좋아지리라는 확실한 보장이 있다면, 현재에는 별다른 무게를 두지 않는 게 현명해 보입니다. 이러한 판단이 들었을 경우 우리는 지금 이 순간보다는 미래에 무게를 두려 합니다. 그러나 이러한 생각에는 커다란 문제가 있습니다. 이러한 생각은 현재가 어떤 면에서는 미래보다 덜 실재적이라는 판단에 기초하고 있기 때문입니다. 그러나 분명 미래는 지금 이 순간처럼 실제로 존재하는 게 아닙니다. 미래에 방점을 두는 태도는 현재에서 벗어나려 애쓰는 태도의 출발점이기도 합니다. 이러한 태도가 더 악화되면 자신이 믿는 미래를 바탕으로 다른 누군가가 겪고 있는 가혹한 현재를 부정하는 태도로 이어집니다. 다시 한번 말하지만, 이는 종교의 역사에서 너무나도 흔하게 발견되는 문제입니다. 부패한 종교 권력자들은 아주 교활하게 이러한 태도를 조장합니다. 그들은 신실한 신자가 되고자 한다면 지금 이 순간 실제로 일어나는 일들, 실제로 겪고 있는 일들은 무시해야 한다고 말합니다.

마르코의 복음서가 이야기하는 신앙, 혹은 다니엘서에 나오는 세 유대 청년이 보여준 신앙, 혹은 쇠사슬에 묶여 교수형에 처해진 로버트 애스크가 보여준 신앙을 받아들이기란 결코 쉬운 일이 아닙니다. 그들은 참혹하기 그지없는 자신들의 '지금 이 순간'을 간단히 부정하지 않았습니다. 그들은 미래로 도피할 길을 만들어두지 않았습니다. 물론 마르코의 복음서에 미래에 대한 희망이 없는 것은 아닙니다. 대사제의 질문에 예수는 ("내가 바로 그다"라는 말과 함께) 다가올 심판과 이 땅에서 하느님의 뜻을 이루실 "사람의 아들"의 영광을 말하며 그들이 이를 볼 것이라고 말합니다.

그런데 여기에는 이상한 점이 있습니다. 마르코는 예수에게 판결을 내린 이들은 영광스러운 하느님의 아들이 오는 모습을 볼 수 없음을 너무나도 잘 알고 있는 이들을 위해 이 글을 썼습니다. 이 문헌이 쓰였을 때 예수에게 판결을 내린 이들은 이미 죽었거나 부활과 심판 사이의 불확정한 시기에 놓여 있었습니다. 그들이 분명하게 본 것은 십자가에서의 죽음, 그리고 공동체의 신앙이었습니다. 이것이 그들이, 그리고 우리 모두가 마르코의 복음서에서 확인할 수 있는 전부입니다. 이 이야기에서 부활이란 분명히 아무 말도 할 수 없는, 두렵기 그지없으며 단순히 말로는 표현할 수 없는 것이기 때문입니다. 그러므로 심판대에 선 예수가 한 말은 "너희는 곧 내가 옳음을 알게 될 것이다. 판세는 역전될 것이다"라는 뜻이 아닙니다. "사람의 아들"이 이 세계를 심판하러 오는 것은 예수의 죽음이라는 역사적 순간, 그리고 '지금 이 순간' 신앙을 지키기 위해 몸부림치는 공동체의 투쟁과 떼어놓을 수 없습니다. 그렇기에 마르코는 자신이 속한 교회를 향해 우리가 해야 할 가장 중요한 일은 이 세계, 이 세계에 속한 이들이 보는 것과는 다른 방식으로 저 두 가지(십자가와 성도의 공동생활)를 대하는 것이라고 말합니다.

누군가는 십자가 사건은 다른 사람들이 보기에도 충분히 문제적 사건scandal이 아니냐고 물을지 모릅니다. 그러나 마르코는 이러한 생각에 동의하지 않습니다. 그가 예수가 죽음에 이를 때 제자들이 보여준 불신과 어리석음(이는 그때나 지금이나 예수를 따르는 이들이 되도록 마주하고 싶어 하지 않는, 아픈 부분입니다)을 노골적으로 부각하는 이유가 여기에 있습니다. '지금 이 순간' 교회의 모습은 어떤가요? 마르코가 그리고 있는, 예수와 함께했던 제자들의 모습과 너무나도 닮아있지 않습니까? 부끄럽기 짝이 없는 '지금 이 순간' 교회의 모습에서 눈을 돌려 (미래의, 그렇기에 실재하지 않는) '더 나은' 교회를 향해 우리의 열정과 상상력을 쏟아붓기란 그리 어려운 일이 아닙니다. 그러나 '지금 여기', 곧 십자가에 못 박힌 예수가 있는 곳, 몸부림치지만 늘 실패하는 공동체가 있는 곳이야말로 영광스러운 사람의 아들이 이 세계에 모습을 드러내는 곳입니다.

오늘날 교회는 마르코가 제시한 이 비전을 숙고해 보아야 합니다. 이 맥락에서 사도 바울이 했던 말을 조금 바꾸어 쓰자면 '진보적인' 그리스도교인들은 (지금 쌓여 있는) 모든 문제가 분명하게 해결되고 정화된 미래를 좇고, '보수적인' 그리스도교인들은 (지금보다) 신실하고 타협 없던 과거로 눈을 돌립니다. 그러나 이러한 와중에도 복음은 십자가에 못 박힌 사람의 복음으로 남아 있습니다. 이 복음은 우리에게 현실에 집중하기를 요구합니다. 이 현실은 '지금, 여기' 우리 눈앞에, 우리의 배경으로, 그리고 우리 안에 있습니다. 이 현실은 온갖 추문으로 얼룩져 있고 고통스럽습니다. 파스칼Blaise Pascal은 말했습니다.

예수께서 고통 속에 계시는데 우리가 잠들어 있을 수는 없다.

이 준엄한 경고는 마르코가 이야기하고자 하는 바와 크게 다르지 않습니다. 이는 비신자들의 개탄스러운 상태에 관한 묘사가 아닙니다. 이는 신자들을 향한 훈계, 곧 예수가 있는 '지금, 이 순간'에 머무는 것을 견디지 못한 채 비현실적인 미래를 기대하거나 과거로 되돌아가려는 우리의 무능함을 직시하라는 훈계입니다.

어떤 그리스도교인이든 가장 하기 어려운 일은 바로 '지금 이 순간'을 감내하는 일입니다. 현실이 좋다거나 이러한 현실에서 살아가는 것이 행복하다고 억지로 위장하지 않은 채 그저 하느님께서 '지금, 여기', 존 던John Donne의 말을 빌리면 "이 낮고 하찮은 땅에"서 우리를 만나고 계신다는 것을 받아들이는 일 말이지요. 이 만남은 기쁨으로 가득 찬 만남일 수도 있지만, 두렵고 끔찍한 만남일 수도 있습니다. 동방 교회의 성찬례 예식서는 이러한 생각을 잘 반영하고 있습니다. 예식서에 따르면 성찬례를 통해 우리가 기리는 '지금'은 그리스도께서, 곧 그분이 이루셨던 과거와 그분이 이뤄내실 미래가 모두 담긴 존재가 우리와 함께하고 계시는 상태를 뜻합니다. 우리가 성찬례를 드릴 때 그분의 십자가, 그분의 빈 무덤, 그리고 그분의 다시 오심은 모두 '지금, 여기'에 있습니다.[7] 우리 자신을 언제, 어디서, 어떻게 발견하든, 신비는 우리 가운데 있습니다.

---

[7] 저는 정교회 전례에서 드리는 다음의 기도를 염두에 두고 있습니다. "기억하라. 그분의 십자가와 무덤, 사흘째 되던 날 일어난 부활하심, 하늘로 올라가심, 하느님 오른 편에 앉아 계심, 영광 속에 두 번째로 오고계심 … 이는 모두 그분께서 우리를 위해 하시는 일이다." 이를 알려준 바실 오스본Basil Osborne 주교에게 감사를 표합니다.

이 세계가 멈춰서는 지점

마르코의 복음서는 '지금, 여기'를 강조하기 위해, 혼란스러운 분위기 가운데 빠른 속도로 이야기를 전개하면서도 독자들에게 특별한 관조와 멈춤, 고요함을 요구합니다. 기도에 관한 수많은 책은 대부분 기도를 익히기 위해서는 우리 자신이 하느님의 임재 안에 들어서려는 노력이 필요하다고 말합니다. 이 말이 무엇을 의미하는지는 분명히 알지 못한다 해도(기도를 하기 위해 진지하게 노력해본 이라면 이 말이 무엇을 뜻하는지 알 것입니다) 적어도 우리 자신을 '지금, 여기'에 들어서게 하는 것과 깊은 연관이 있는 것만큼은 분명하게 알 수 있습니다. 즉 기도를 하기 위해서는 지금 이 순간 몸과 마음이 겪고 있는 체험들에서 멀어져 어떤 환상, 자신에게 위안을 주는 생각들의 연쇄 고리에 빠지는 것을 막아야 합니다. 우리의 몸과 마음이 분산되는 것을 막아야 합니다.

이렇게 멈추어 서서 기도에 이르는 과정에서 일어나는 일들에 대해 우리는 곧잘 오해하곤 합니다. 기도는 몸과 마음에서 실제로 일어나고 있는 것들을 도외시한 채, 그러한 것들에시 철저히 벗어나 자신을 추상화한 다음 다른 어딘가, 경건과 거룩함의 영역으로 나아가는 것이 아닙니다. 멈추어 서서 기도한다는 것은 인내를 가지고 자기 안에서 무슨 일이 일어나고 있는지, 자신이 어디에 있는지 주의를 기울이는 데서 시작됩니다. 가슴에서 뛰고 있는 심장의 율동, 당신의 호흡에서 일정하게 반복되는 변화에 귀 기울여 보십시오. 머리와 가슴을 휘감고 있는 관심사들, 지금 이 순간 갈망하는 것들, 지금 이 순간 두려워하는 것들을 살피고 그것이 무엇인지 생각해보십시오. 지금 앉아있는 의자의 질감을 느껴보십시오. 그 의자 아래 있는 바닥의 질감을 느껴보십시오. '지금, 여기'에 도달하는 것. 우리가 있는 곳에 도달하는 것이야말로 세상에서 가장 어려운 일입니다.

얼핏 이상해 보일지도 모르지만, 이러한 실천은 결국 관조contemplation란 순전한 '있음'being인 하느님과 대면하는 것이라는 고전적인 그리스도교 신앙의 진술, 초기 그리스도교인들의 믿음과 연결되어 있습니다. 그리스어를 쓰던 초기 그리스도교인들(그리고 유대교인들)은 출애굽기에 나오는 "나는 곧 나다"(출애 3:14)라는 말을 "나는 스스로 있는 자다", 곧 하느님의 초월성, 독자적인 성격에 관한 선언으로 번역했습니다. 어떤 현대 학자들은 이를 두고 히브리 성서에 담긴 역동적인 표현을 정적인 철학 개념으로 축소해 버렸다고 지적합니다. 그러나 이는 너무 성의 없는 비판입니다.

그리스어 번역은 정확하게 현실의 모든 조건과 제약에서 자유로우며, 자기가 아닌 어느 누구의 도움도 필요로 하지 않는 신성한 생명을 가리키고 있습니다. 유대교와 그리스도교는 저 말을 사용해 독특한 주장을 펼쳤습니다. 하느님께서 특정 사건들을 주관하심을 통해, 곧 히브리 노예의 해방, 예수의 삶과 죽음을 통해 당신의 자유를 이 세계에 완전히 드러내셨다고 말입니다.

이 장에서 우리는 마르코가 그린 법정 이야기를 통해 이 비전이 얼마나 고통스럽게 드러나는지 살펴보았습니다. 심판대에 선 예수는 자신이 하느님의 생명에 뿌리내리고 있음을, 이는 결코 파괴될 수 없음을 선언합니다. 그 순간 그 말은 이 세상의 어떠한 것으로도 보장할 수 없고 이치에도 맞지 않는 말이지만, 그 선언은 예수의 신성이 무엇인지를 보여주는 가장 완전한 역사적 증언입니다. 이를 볼 때만 우리는 비로소 하느님의 초월을 온전히 받아들일 수 있습니다. '아무런 유익도 없는' 이의 증인이 되어갈 때, 그의 '쓸모없음'을 되새기고 그를 따라 '쓸모없어질 때', 바로 그때 우리는 진정 예수가 누구인지 이야기할 수 있습니다.

마르코의 이야기는 빠른 속도로 전개되는 영화처럼, 혹은 이 세계의 부조리함을 폭로하는 현대 예술 작품처럼 보이기도 합니다. 그러나 결국 이 이야기가 (우리에게는 낯선 방식으로) 드러내고자 하는 것은 침묵하고, 고요하게 멈추어 서 있는 한 인물입니다. 마르코의 복음서에 나오는 재판 장면은 바로 그가 자기 외에는 누구의 보장도 필요로 하지 않고, 어떠한 정당화도 필요로 하지 않는 이 세계가 멈춰서는 지점임을 우리에게 보여줍니다.

우리 자신을 어떻게든 정당화하려는 노력에서 벗어날 때, 어떻게든 안정감을 얻고자 하려는 움직임을 멈출 때, 우리 자신을 위해 우리 자신이 세운 기준을 들이대어 모든 것의 이치를 따지는 과정을 중단할 때, 그리하여 온전한 의미에서 자유로워질 때 우리는 (알든 모르든) 받아들이게 될 것입니다. 마르코의 예수가 이 세계를 향해 내린 판결을.

예수여,

우리의 마음을 붙잡아 주소서.

미래를 향해 달려가지 않도록

과거로 되돌아가려 하지 않도록

우리를 지켜주소서.

그리하여 우리가

우리가 있는 바로 지금 여기에서

당신을 만날 수 있게 해주소서.

우리가 행복할 때나 슬픔에 빠져있을 때나,

확신에 가득 찰 때나 불안에 빠져 있을 때나,

살아있을 때나죽음과 맞닥뜨렸을 때나,

바로 지금, 여기에서

당신을 만날 수 있게 해주소서.

아멘.

마르코는 복음서 이야기를 통해, 무엇보다도 심판대에 선 예수 이야기를 통해, '초월'이라는 말에 우리가 알고 있는 것, 우리에게 도움이 된다고 여겨지는 것, 우리에게 안정감을 가져다주는 것을 상상 할 수 있는 최대치로 끌어올려 투사한다면 우리는 결코 '초월'에 대해 적절하게 생각할 수 없다고 말합니다. 이 세계가 나아가고 있는 길이 결코 궁극적인 길이 아니며 유일한 진리가 아님을 깨달을 때, 그때 비로소 초월은 우리에게 다가와 우리를 놀라게 할 것입니다.

대사제들과 온 의회는 예수를 사형에 처하려고 그에 대한 거짓 증거를 찾고 있었다. 많은 사람이 와서 거짓 증언을 하였지만 이렇다 할 증거를 얻지 못하였다. 그러다가 마침내 두 사람이 나타나서 "이 사람이 하느님의 성전을 헐었다가 사흘 만에 다시 세울 수 있다고 말하였습니다" 하고 증언하였다. 이 말을 듣고 대사제가 일어나 예수께 "이 사람들이 그대에게 이렇게 불리한 증언을 하는데 할 말이 없는가?" 하고 물었다. 그러나 예수께서는 아무 말씀도 하지 않으셨다. 대사제는 다시 "내가 살아 계신 하느님의 이름으로 명령하니 분명히 대답하여라. 그대가 과연 하느님의 아들 그리스도인가?" 하고 물었다. 예수께서는 그에게 "그것은 너의 말이다" 하시고는 "잘 들어두어라. 너희는 이제부터 사람의 아들이 전능하신 분의 오른편에 앉아 있는 것과 또 하늘의 구름을 타고 오는 것을 볼 것이다" 하고 말씀하셨다. 이 말을 듣고 대사제가 자기 옷을 찢으며 "이 사람이 이렇게 하느님을 모독했으니 이 이상 무슨 증거가 필요하겠소? 여러분은 방금 하느님을 모독하는 말을 듣지 않았소? 자, 어떻게 했으면 좋겠소?" 하고 묻자 사람들은 모두 "사형에 처해야 합니다." 하고 아우성쳤다. 그리고 그들은 예수의 얼굴에 침을 뱉고 주먹으로 치고 또 어떤 자들은 빰을 때리면서 "그리스도야, 너를 때린 사람이 누구인지 알아맞혀 보아라" 하며 조롱하였다.

(마태 26:59~68)

02

마태오 - 추방당한 지혜

연결하기

마르코의 복음서에 나오는 법정 이야기에서 예수는 그전까지 이어오던 침묵과 비밀을 깨고 자신의 사명과 정체를 드러냅니다. 마르코와 달리 마태오가 그리는 예수는 침묵하지 않습니다. 물론 마태오가 그리는 예수도 때로는 마르코의 복음서가 그랬듯 사람들을 치유해 준 다음 이에 관해 이야기하지 말라고 합니다.[1] 그러나 마르코의 복음서와

[1] 이를테면 마태오의 복음서 8:4, 9:30이 그렇습니다.
"예수께서는 그에게 "아무에게도 말하지 마라. 다만 사제에게 가서 네 몸을 보이고 모세가 정해 준 대로 예물을 드려 네 몸이 깨끗해진 것을 사람들에게 증명하여라" 하고 말씀하셨다." (마태 8:4)
"그러자 그들의 눈이 열렸다. 예수께서 그들에게 엄중히 다짐하셨다. "이 일을 아무에게도 알리지 말아라."" (마태 9:30)

는 달리, 마태오의 복음서에는 예수가 사람들에게 그들이 듣고 본 것을 전하라고 말하는 대목도 있습니다. 일종의 전환점이 되는 11장에서 세례자 요한이 자신의 제자들을 통해 "오실 그분이 당신이십니까?" 라고 묻자 예수는 이에 대한 답으로 자신이 벌인 활동을 제시합니다.

> 눈먼 사람이 보고, 다리 저는 사람이 걸으며, 나병 환자가 깨끗하게 되며, 듣지 못하는 사람이 들으며, 죽은 사람이 살아나며, 가난한 사람이 복음을 듣는다. (마태 11:5)

마르코와 달리 마태오는 예수가 예언자들이 약속했던 대로 하느님의 영이 그를 통해 온전히 활동했음을 보여주는 데 관심을 기울입니다(하느님의 영으로 마귀(귀신)demons를 쫓아내는 것에 관해서는 12:28을 보십시오).[2] 이미 알고 있는 내용들 때문에 지금 여기서 알려지는 것의 의미가 밝혀집니다.

제자들에 대한 태도 또한 마태오는 마르코보다 한결 관대합니다. 마태오가 그린 제자들이 마르코가 그린 제자들보다 예수의 비전을 딱히 더 충실하게 따르는 것은 아니지만(마태오의 복음서에서 베드로는 마르코와는 달리 예수에게 자신의 믿음을 고백한 뒤 칭찬을 받지만 이내 호된 꾸지람을 듣습니다) 무슨 일이 일어나고 있는지 헤아릴 수 있는 능력을 갖추

---

[2] "그러나 내가 하느님의 영을 힘입어서 귀신을 쫓아내는 것이면, 하느님의 나라는 너희에게 왔다." (마태 12:28)

고 있습니다. 13장에서 일련의 비유들을 말하고 난 뒤 예수가 제자들을 향해 “지금 한 말을 다 알아듣겠느냐?”라고 묻자 그들은 답합니다. “예.”(마태 13:51) 마르코라면 이 대목에 아이러니한 장면을 집어넣었을 것입니다. 그러나 마태오는 담담하게 이어서 예수가 전한 말(“하늘 나라를 위하여 훈련을 받은 율법학자는 누구나, 자기 곳간에서 새것(지혜)과 낡은 것(지혜)을 꺼내는 집주인과 같다”)을 기록합니다.

많은 주석가는 마태오의 복음서 13장 52절에 마태오의 관심이 집약되어 있다고 말합니다. 이를 마태오 자신이 옛 지혜의 전문가였으며 이제는 새로운 나라에서 학생이 된 마태오 자신의 배경을 암시하는 구절로 보는 학자도 있습니다. 이러한 해석은 실제 사실과는 거리가 있어 보이지만(마태오가 유대교에 관해 전문적인 지식을 갖췄다고 보기 힘든 구절들이 있습니다) 이 복음서가 지닌 매우 중요한 측면을 지적하고 있습니다. 마태오는 이해를 추구하는 사람입니다. 그는 단서를 찾아내 대부분의 사람에게는 파편으로 보이는 것에서 전체를 봅니다.

마태오가 기록한 비유들은 모두 이러한 전체 그림을 보는 것과 관련이 있습니다. 우리는 단기적인 결과에만 집중한 나머지, 즉각적인 해결책을 붙잡기 위해 애쓴 나머지 시간이 진리를 드러낸다는 사실을 파악하지 못할 때가 많습니다. 보물이 묻혀 있다는 사실을 모른 채 누군가 자신이 가진 재산을 다 팔아 아무런 쓸모도 없는 땅을 샀다는 이야기를 듣는다면 기이하게만 보이겠지요. 마태오라면 셜록 홈스의 다음과 같은 말을 높이 평가했을 것입니다.

나는 두 손으로 낡은 모자를 받쳐 들었다. … "내 눈에는 아무것도 안 보이는데." 나는 모자를 친구에게 돌려주며 말했다. "왓슨, 그 반대일세. 자네한테는 모든 게 다 보인다네. 그걸 바탕으로 추리해 내지 못할 뿐이지. 자네는 추론하는 데 지나치게 소심하군."[3]

셜록 홈스 이야기에서 빼어난 탐정인 홈스는 언뜻 보기에는 터무니없어 보이는 행동을 일삼습니다. 왓슨은 자주, 그런 모습을 보며 "홈스가 마침내 정신이 나갔어"라고 말합니다. 하지만 그의 모든 행동에는 실제로는 그렇게 할 만한 이유가 충분히 있고 독자는 이 사실을 알고 있습니다(그렇기에 사건이 해결되는 과정을 즐거운 마음으로 볼 수 있습니다). 범죄자는 범죄를 일으킨 곳에 언제나 단서를 남기기 마련입니다. 우리가 이를 발견해 내지 못한다면 그것은 우리가 추론하는 법을 충분히 배우지 못했기 때문이겠지요.

마태오가 홈스처럼 추리를 하는 사람은 아닙니다. 그렇지만 여기저기에 단서와 암시를 흩어놓고선 이들을 (홈스와 왓슨처럼) 차차 연결해 냄으로써 (이를 미처 알지 못한 우리에게) 기쁨을 안겨주는 마태오의 이야기 전개 방식은 셜록 홈스 이야기 전개 방식과 유사한 면이 있습니다. 마태오의 이야기에서도 단서들과 암시들은 그 자리에서, 발견되기를 기다리고 있습니다.

---

[3] Arthur Conan Doyle, 'The Adventure of the Blue Carbuncle' in *The Penguin Complete Sherlock Holmes* (London: Penguin, 1981), 246. 『셜록 홈즈 전집5』(황금가지)

마태오가 히브리 성서를 인용하는 모습은 그 좋은 예입니다. 그는 히브리 성서를 자주 인용합니다. 마태오의 복음서에 등장하는 이런저런 사건들은 이런저런 히브리 성서 본문을 떠오르게 합니다. 이러한 연결을 통해, 여기에 비추어, 독자들은 예수를 둘러싼 이야기들이 진정으로 의미하는 바가 무엇인지를 헤아릴 수 있게 됩니다.

마태오의 복음서 1장에 있는 예수의 족보는 마태오의 복음서가 '홈스식' 이야기임을 보여주는 대표적인 예입니다. 여기 나오는 매우 인상적인 족보는 인상적이지 못한, 평판이 좋지 않은 인물들이 등장하면서 네 번 중단됩니다. 그 인물들이란 네 여자, 곧 다말과 라합, 룻, 우리야의 아내 바쎄바(밧세바)인데 이들은 부도덕한 행위로 손가락질을 받았거나 이방인이었고 아니면 둘 다에 해당했던 인물이었습니다. 이제 이를 단서 삼아 마리아의 설명 불가능한 임신을 둘러싼 추문들을 생각해 봅시다. 이를 통해 마태오는 과연 무엇을 이야기하고자 하는 것일까요? 적어도 우리는 이를 통해 인간을 둘러싼 추문이 하느님께서 직접 하시는 활동에 대한 반증이 될 수 없음을 알 수 있습니다. 더 나아가 이렇게도 말할 수 있습니다. 아브라함과 다윗의 혈통이라는 가부장적 질서가 중단되었다는 사실은 역설적으로 하느님께서 하시는 일이 중단되지 않음을 보여준다고 말이지요. (상상력이 모자란 독자들에게는 이런 해석이 버겁게 다가갈 수도 있겠지만) 심지어는 마태오가 예수의 신성을 드러내려고 이 족보 이야기 전체를 가지고 농담을 하고 있다고 볼 수도 있습니다. '이것은 예수의 족보가 아닙니다. 마리아의 자식은 하느님의 자식이지, 다윗의 자손 요셉의 자식이 아닙니다.' 이런 식으로 말이지요. 우리가 읽는 법을 알았다면, 이 가족사는 우리가 하느님의 역설을 받아들일 준비를 하게 하는 이야기로 기능했을 것입니다.

"우리가 읽는 법을 알았다면…" 이것이야말로 마태오의 복음서에 감도는 주된 정조입니다. 온갖 신호와 단서가 주어짐에도, 이를 알고 있는 사람들은 아무런 응답도 하지 않습니다. 이에 예수는 말합니다.

> 이 세대를 무엇에 비길 수 있으랴?
> 마치 아이들이 장터에 앉아서,
> 다른 아이들에게 이렇게 말하는 것과 같다.
> "우리가 너희에게 피리를 불어도 너희는 춤을 추지 않았고,
> 우리가 곡을 해도, 너희는 울지 않았다." (마태 11:16~17)

이 구절은 질서정연해 보이는 마태오의 복음서의 정신세계 기저에 깔려 있는 어둠을 슬며시 드러내 보입니다. 물론, 마태오는 예수에 관한 이야기들을 과거의 이야기들과 연결해냅니다. 그리고 어떠한 단서도, 연결점도 발견해내지 못하는 이들에게 이러한 연결을 보여주는 것은 분명 기쁜 일입니다. 그러나 예수의 삶이라는 실제적인 맥락에서는, 이러한 몰이해에 점점 더 커다란 위험이 그림자처럼 따라붙습니다. 우리의 바람과는 달리 하느님의 질서와 우리의 질서는 깔끔하게 맞아떨어지지 않기 때문입니다.

하느님의 지혜 - 감춰진 일치

많은 학자가 이야기하듯 마태오는 히브리 성서에 나오는 지혜를 확장한 신학자입니다(구약성서와 외경, 곧 잠언과 욥기, 집회서와 솔로몬의 지혜서와 같은 문헌들이 정의하기를, '지혜'는 하느님의 마음과 일치를 이루는 것, 기쁨 속에 그분의 질서 아래 함께 살아가는 것, 그분의 질서를 반영한 창조를 찬미하는 것입니다). 앞서 언급한 구절(마태 11:16~17) 다음에는 수수께끼 같은 구절이 등장합니다.

> 지혜는 그 자녀들로 옳다는 것이 입증되었다. (마태 11:19)

하느님의 가족으로 선택받은 이들, 하느님의 지혜와 친교를 나누는 이들은 이 세계가 하느님과 일치를 이룸을, 즉 하느님께서 낯선 것, 부조리한 것을 통해서도 자신들과 소통하실 수 있음을 알게 될 것입니다. 그렇다면 지혜를 끊임없이 외면하는 이들은 어떻게 될까요? 마태오의 복음서에 나오는 지혜를 다룬 어느 신학자는 이 물음과 관련해 가장 중요한 논의를 펼치고 있는 장은 예수와 '지혜'를 분명하게 동일시하고 있는 11장이며 이 장은 예수의 활동이 얼마나 포괄적인지를 보여준다고 말한 바 있습니다. 그에 따르면 저 구절들을 통해 우리는 신성한 소피아(지혜)가 예수 안에 충만히 있기에 하느님의 가족, 하느님의 지혜와 친교를 나눌 수 있는 자격이 "부계 가족에 속하는 것에서 지혜를 중심으로 모인 제자들 가운데 속하는 것으로 극적으로 대체되었음"을 알 수 있습니다. "하늘에 계신 내 아버지의 뜻을 실천하는 사람이면 누구나 다 내 형제요 자매요 어머니이다"(마태 12:46~50)라는 예수의 말은 바로 이러한 포괄적인 제자도를 가리키는 은유인 것입니다.[4] 그렇기에 지혜를 외면하고 거부하는 것은 이러한 포괄적인 비전을 외면하고 거부하는 것과 다름없습니다. 궁극적으로, 이러한 외면과 거부는 (이 세계의 눈에 비추었을 때 이 세계와) 조화를 이루지 못하는 것처럼 보이는 것, 일치를 이루지 못하는 것처럼 보이는 것에 대한 폭력을 낳습니다. 설사 그것이 이 세계에 감춰진 진리의 논리, 감춰진 일치라 할지라도 말입니다.

마태오가 자신의 복음서를 쓰면서 큰 틀에서 어떠한 전략들을 세웠는지에 관해서는 훨씬 더 많은 이야기를 할 수 있겠습니다만 마태오의 복음서에서 가장 두드러지게 나타나는 부분, 지금 이 순간 우리가 새겨두어야 할 부분은 바로 이것입니다. 곧 마태오의 복음서는 예수의 삶에서 일어난 사건들과 하느님께서 역사 속에서 활동하셨음을 드러내는 사건들의 비범하고도 예기치 못했던 유비를 보여줌으로써 (이 세계 기저에) 감춰진 조화를 드러내고 (이 세계 질서와 하느님의 질서 사이에 존재하는) 불일치를 극복하는 이야기입니다. 마태오는 독자들을 향해 저 감춰진 조화를 보는 법을 익히라고, 이 모호한 세계를 그 기저까지 면밀히 보는 법을 익혀 그것이 진실로 뜻하는 바를 이해하는 법을 익히

---

4 Elaine Wainwright, 'The Gospel of Matthew' in Elisabeth Schussler Fiorenza (ed.), *Searching the Scriptures: A Feminist Commentary* (London: SCM Press, 1995), 654.

라고 호소합니다. 이러한 마태오의 호소에는 예수가 하느님께서 당신의 백성과 관계를 맺어온 역사에 최종적으로 '일치'를 부여하는 존재, 그가 지혜 그 자체라는 믿음이 깔려 있습니다.

이러한 호소를 들으며 우리는 점차 지혜가 거부당하는 순간을 준비할 수 있게 됩니다. 지혜가 거부당하는 사건은 배제가 극에 달했을 때 정점을 이루며 결국 '자기 파괴'로 이어집니다.

심문받게 된 심문자

이 모든 것을 염두에 두고 이제 마태오가 그리는 예수의 법정 이야기를 살펴봅시다. 성서주석가들은 "그대가 과연 하느님의 아들 그리스도인가?"라는 대사제의 질문에 대해 마르코의 복음서에서 예수가 한 답변을 마태오가 약화시켰다는 점에 혼란스러워하곤 했습니다. 마태오의 복음서에서는 (마르코의 복음서처럼) 과감하게 "내가 바로 그다"라고 말함으로써 자신의 정체를 드러내는 대신, ('앙어깨를 으쓱하다'라는 뜻을 지닌 그리스어 '수 에이파스'συ ειπας를 사용해) "그렇게 너는 말한다", 혹은 "그것은 너의 말이다"(마태 26:64)라고 말합니다. 대체로 마태오는 예수의 정체를 비밀에 부치는 것에 마르코만큼 무게를 두지는 않습니다. 그런데 왜 여기서는 구태여 예수가 자신의 정체를 밝히기를 꺼리는 것처럼 묘사했을까요? 해답의 실마리는 앞서 살핀 마태오의 복음서 전체의 구조에 있습니다. 즉 이스라엘 백성의 역사에서 유래한 말들을 활용해 질문을 던진 대사제를 향해 예수는 그 말들이 진정 무엇을 의미하는지 알고 있느냐고 묻고 있는 것입니다. 예수의 말을 풀자면 다음과 같은 식이 될 것입니다.

> 너는 내가 스스로 하느님의 아들 그리스도라 주장한다고 하나, 내가 하느님의 아들인지 아닌지 답해야 하는 사람은 바로 너다. 하느님께서 기름 부어주신 이를 가리키는 이 말들이 실제로 쓰이고 있는 세계는 바로 네가 속한 세계이기 때문이다.

마르코의 복음서가 같은 장면에서 보여준 것처럼, 저 말들, 예수를 고발하며 사람들이 한 말들은 그 자체로는 진리가 아닙니다. 궁극적으로 이 세계에서 사용되는 그 어떤 말도 예수가 누구인지 우리에게 말해주지 못합니다. 그러나 여기서 마태오는 한 걸음 더 나아갑니다. 대사제가 예수를 향해 던진 질문을 마태오는 되돌려 질문자를 향해 던집니다. 이는 제베대오(세배대)의 아들들이 주님의 나라에서 영광의 자리에 앉게 해달라고 예수에게 부탁하자 "너희가 청하는 것이 무엇인지나 알고 있느냐?"라고 반문한 장면을 떠올리게 합니다(마태 20:22, 마르 10:38). 예수의 권위와 세례자 요한의 권위를 두고 종교 지도자들과 예수가 벌인 논쟁도 이와 유사합니다(마태 21:23~27, 마르 11:27~33). 종교 지도자들이 예수에게 무슨 권한을 갖고 있느냐고 묻자 그는 하늘이 준 권한을 어디서, 어떻게 알아볼 수 있느냐고 반문합니다. 그러므로 마태오의 복음서에서 대사제가 던진 질문에 예수가 한 답은 이중의 의미를 가집니다. 즉 예수는 대사제가 이미 세계를 제대로 볼 줄 알고 이를 이해할 범주를 가지고 있다고, 그럼에도 이 범주가 진정 의미하는 바를 전혀 모르는 듯이 이를 사용하고 있다고 되묻는 것입니다.

그러므로 이 심판대 위에서 드러나야 할 것은 예수의 정체뿐만이 아닙니다. 종교적인 언어 체계 전체(적어도 예수를 고발하며 사람들이 쓴 종교 언어 체계) 또한 심판대 위에서 자신을 증명해야 합니다. 재판 중에 대사제의 입에서 나온 '하느님' 그리고 '기름 부음 받은 사람(그리스도)'과 같은 말은 어떤 의미를 갖고 있는 것입니까? 그가 진실로 자신이 무슨 말을 하고 있는지 알았다면 그는 예수의 말을 듣자마자 침묵하게 되거나 자신이 던진 질문에 대한 답을 깨닫게 되지 않았을까요? 그렇게 본다면 "그것은 너의 말이다"라는 예수의 대답은 실은 질문자를 향해 이렇게 되묻는 것이라 할 수 있습니다.

> 너는 너 자신을 알고 있느냐? 그리고 너의 역사를 알고 있느냐? 너는 현란하게 이스라엘 종교의 언어를 쓰고, 그 형식을 따른다만 거기에 실제로 머무르고 있느냐, 그 언어와 형식이 가리키는 바를 진실로 따르고 있느냐?

본래 대사제는 지혜가 아로새겨진 역사, 곧 지혜의 역사이기도 한 인류의 역사를 대변하는 존재입니다. 외경 중 지혜서를 보면 성서의 전체 내용이 지혜가 인간을 통해 활동한 기록으로 재구성됩니다.[5] 이스라엘 백성의 이야기에 뿌리내리고 있는 대사제의 질문은 아이러니하게도 그 이야기가 권력자의 입 밖으로 나온다면, 하느님의 백성 중 권력을 차지한 이의 손아귀에 넘어간다면 이내 그 생명력을 잃음을 보여줍니다. 가야파로 대표되는 권력자들은 불안에 사로잡혀 예수를 서둘러 배제하고 파괴해버리려 하는, 지혜 자체를 배제하는 권력이 되어버렸습니다.

부적절한 비난

마태오의 복음서에 나오는 법정 이야기는 매우 신중하게 읽어야 합니다. 이스라엘 종교 권력에 대한 마태오의 비판을 자칫 잘못 읽으면 마태오의 복음서를 예수의 수난에 대한 책임을 유대인에게 돌리는 것을 정당화하는 도구, 그러한 생각을 끄집어내는 도구로 만들 수 있습니다. 교회의 역사를 보면 이 문헌이 유대인들에 대한 끔찍한 살인을 정당화하는 근거로 곧잘 활용되었음을 알 수 있습니다. 이는 수난 이야기에 대한 가장 왜곡된 해석입니다. 마태오의 복음서를 보면 빌라도의 궁전 밖에 있던 군중이 외칩니다.

> 그 사람의 피에 대한 책임은 우리와 우리 자손들이 지겠습니다. (마태 27:25)

---

[5] 특별히 10장과 11장을 살펴보십시오.

이 말은 이후 독자들에게 강한 인상을 남겼습니다. 마태오는 하느님 백성이 분열을 거듭하고 있다는 사실에 괴로워했습니다. 그리고 대다수 유대인이 예수의 가르침을 받아들이지 않는 현실에 분노했습니다. 마태오는 이러한 심정을 '군중'이 부지불식간에 자신들의 잘못을 자백하는 상징적인 장면에 담아냈습니다. 최초의 독자들은 이를 유대 민족이 자신들의 공동의 죄를 인정하는 것으로 받아들였을 것입니다. 그리고 다른 신약성서 저자들이 그랬듯 이를 기원후 70년에 일어난 끔찍한 재앙들(유대 민족의 몰락, 성전의 파괴)과 연결했을 것입니다(로마 제국은 성전을 파괴함은 물론 유대 민족의 독립을 보여주는 최소한의 흔적들조차 없애버렸습니다). 우리가 이러한 층위에서만 이 장면을 읽는다면 유대인들의 죄를 강조하며 이를 그리스도교의 중요한 정체성으로 삼던 긴 세월만을, 그리고 이로 인해 벌어진 20세기의 가장 끔찍한 악몽인 유대인 학살만을 떠올리게 될 것입니다.

그러나 이 구절을 앞서 언급한 법정 이야기를 염두에 두고 읽는다면 우리는 이 이야기의 핵심이 특정한 '타인들'에게 죄가 있다며 그들을 비난하는 데 있는 것이 아니라 종교 권력자들, 종교의 내용을 잘 알고 있는 이들, 하느님과 하느님의 지혜에 관해 능수능란하게 말할 수 있는 이들을 향해 문제를 제기하는 데 있음을 알 수 있습니다. 즉 여기서 문제시되는 대상은 '외부자'가 아니라 '내부자'입니다.

마태오가 군중이 외치는 장면을 통해 의도한 것이 유대 민족 전체에게 예수가 살해된 것에 대한 책임을 덮어씌우는 것이었다면, 마태오 자신조차 예수에 대한 판결이 진정 무엇을 의미하는지 몰랐다고 할 수 밖에 없습니다. 하지만 앞서 이야기했던 관점으로 돌아가 가야파가 던진 질문에 군중이 답한 말("그 사람의 피에 대한 책임은 우리와 우리 자손들이 지겠습니다")의 뜻을 헤아린다면, 이 장면은 종교 권력자들이 예수를 그들의 세계에서 배제함으로써 자신들의 참 생명, 온전하게 될 가능성을 거부했음을, 이 길을 본인들 스스로 택했음을 은연중에 표현하는 것으로 읽을 수 있습니다.

많은 교회는 성금요일 예배에서 군중이 외치는 장면을 낭독할 때 전체 회중이 낭독하는 방식을 채택하고 있습니다. 이때 성주간 전례는 신실하지 않고 반역을 일삼는 군중이 바로 우리, 지금 이 순간 예배에 참여하고 있는 우리라고 분명하게 강조합니다. 마태오가 사제를 특별히 역사의 수호자, 백성의 온전함integrity을 책임지는 이로 그리고 있음을 고려한다면 저 본문 낭독을 성직자가 해도 좋다고 생각합니다.

진리에 대한 우리의 두려움

마태오의 복음서 이야기에서 궁극적으로 유죄 판결을 받는 이들은 일상적인 언어로 쓰인 하느님의 지혜에 관한 이야기를 갖고 있으면서도 이를 읽어내지 못하는 이들입니다. 이들은 자기 자신이 누구인지 알지 못하기에 이 이야기가 진실로 뜻하는 바를 알 수 없습니다.

이 시점에서 마태오는 에둘러 마르코의 메시지를 상기시킵니다. 즉 우리가 확실하다고 여기는 것, 우리가 너무나도 친숙하게 사용하는 언어는 진리와 불화합니다. 우리가 그토록 자유로이 떠드는 그것을 직접 맞닥뜨리게 되면, 우리는 공포에 질려 분노하며 살기등등해질 수밖에 없습니다.

이와 관련해 앞서 언급했던 16세기 잉글랜드 종교개혁을 다룬 프레스콧의 소설을 다시 한번 살펴보겠습니다. 이야기가 절반쯤 지났을 무렵, 매릭 수도원에서 일하던, 누구에게나 정신박약아 취급을 받던 하녀 맬리는 예수를 봅니다. 작가 프레스콧은 수 페이지에 걸쳐 그녀의 눈에 들어온 예수의 모습(그는 떠돌이 노동자로 수도원과 마을 곳곳을 돌아다닙니다)을 인상적으로 그려냅니다. 부원장 수녀였던 크리스타벨 역시 예수를 보았습니다. 하지만 그녀는 그 떠돌이가 자신이 그리스도로 고백하는 바로 그 예수임을 알아차리지 못합니다. 그녀의 눈에 예수는 그저 "추하고 천한 떠돌이 일꾼"으로만 보일 뿐입니다. 물론 "다른 일꾼들과는 다른 낯선 면모, 어떤 강한 기운"을 느끼긴 했지만 말이지요.[6] 이후, 크리스타벨 수녀는 맬리의 환상이 자신이 지극히 아끼는 수도원(과 자신의 권위)을 구하는 데 도움이 되리라 판단하고 자신이 갈망하는 바를 실현하기 위해서는 무엇을 어떻게 해야 하는지 맬리에게 물어보려 합니다. 그러나 정작 물음을 던지려던 순간, 크리스타벨은 말문이 막힙니다.

---

6 H.F.M. Prescott, *The Man on a Donkey*, 402.

"네가 무엇을…" 부수녀원장은 목청을 가다듬기 위해 말을 멈추었다. 맬리가 자신이 본 것을 들려주자 그녀는 소스라치게 놀랐고 두려움에 휩싸였다. … 그녀는 두려움을 쫓아냈다. '하느님, 성모님, 안드레아 성인이 자신들의 종들에게 '선함' 이외에 다른 무엇을 보여주시겠는가?' 그러나 그녀는 알고 있었다. 하느님이 자신의 적이라도 되는 것처럼 자신이 '선함'을 너무나 두려워하고 있다는 것을.[7]

크리스타벨은 괴물이 아닙니다. 작가는 이 차갑고 예민한 인물에게 독자들이 연민과 공감을 일으키게끔 해놓았습니다. 그리고 이것이야말로 이 소설이 이룬 가장 탁월한 성취입니다. 독자들의 공감을 불러일으키는 장면 중 하나로, 아주 짧은 시간에 불과하지만 그녀는 진리 앞에서 연약하기 그지없는 모습을 보입니다. 이때 그녀는 자신이 지금까지 쭉 하느님을 거슬러 일하고 있음을 알게 되었고 복잡한 감정을 갖고 있음을 인정하지 않을 수 없었습니다. 물론 그녀는 즉시 이를 부인하고 무시하려 합니다. 그러나 그렇다고 해서 깨달음이 완전히 사라지는 것은 아닙니다. 이런 그녀에게 우리는 일말의 연민을 가질 수밖에 없습니다. 그녀가 두려움에 질려 묻는 말은 우리가 신앙생활을 할 때 어김없이 던지는 물음과 크게 다르지 않기 때문입니다. '나는 진리와 거짓을 구분하지 못하게 된 것은 아닐까?', '내 종교적 정체성을 지키

---

7 위의 책, 412~413.

려는 마음이 하나님을 공격하는 무기가 된 것은 아닐까?'

이러한 물음들은 믿음과 의심을 다룬 문학 작품에서 자주 등장합니다. 혼란스러우면서도 격동적인 니코스 카잔차키스Nikos Kazantzakis의 『다시 십자가에 매달린 그리스도』Christ Recrucified는 그 대표적인 예입니다.[8] 이 소설의 배경은 수난극을 준비하는 한 그리스 마을입니다. 가혹하기 그지없게도, 복음서의 사건들이 수난극의 배역을 맡은 마을 사람들의 삶에서 실제로 벌어지기 시작합니다. 마침 난민들이 마을에 유입되기 시작하자 마을 사람들은 이들을 받아들일지 말지를 두고 격론을 벌입니다. 극에서 그리스도의 역할을 맡은 마놀리오스는 난민들의 편에 서고 마을의 권력자들은 그를 죽입니다(그를 죽이는 데 앞장선 사람은 의미심장하게도 마을 교회의 관할 사제입니다). 카잔차키스는 복음서에서 일어나는 갈등을 풍부한 색채를 지닌 언어를 활용해 극화劇化했습니다. 그에게 믿음과 의심에 관한 문제는 즉각적이고도 분명하게 '누군가'의 삶과 죽음이 걸린 문제와 연결되어 있습니다. 그러나 우리 대다수가 겪는 문제는 마놀리오스보다는 크리스타벨과 맬리에 더 가깝습니다. 우리가 신앙생활을 하며 겪는 문제는 다른 누군가의 삶과 죽음이기보다는 '누구를 믿어야 하는가?', '어떻게 올바른 질문을 던져야 하는가?'와 같은 물음들로 인해 불안에 휩싸이고 이에 괴로워하는 우리 자신인 경우가 더 많기 때문입니다.

---

8 어떤 번역본은 '그리스인의 수난'The Greek Passion이라는 제목을 쓰기도 합니다. Nikos Kazantzakis, *Christ Recrucified* (New York: Simon and Schuster and London: Faber, 1953), 『수난』(열린책들)

그리스도와 자기 이해

진리와 마주했을 때 어떻게 반응해야 할지 우리는 미리 생각해둘 수 없습니다. 즉 우리는 그리스도의 죽음에 책임을 져야 하는 '다른 누군가'를 찾아내 지목하고 심판을 내릴만한 위치에 있지 않습니다. 우리는 결코 그럴 수 없습니다.

마태오의 복음서 이야기는 우리(특히 합리적인 사고를 잘하고 교양 있는 신자들, 선생, 전문가들)가 가야파가 아니라 예수의 편임을 어떻게 알 수 있는지 어떠한 확실한 대답도 제시하지 않습니다. 그러한 질문에 답을 제시하는 순간, 그 답은 또다시 종교 언어 체계의 일부가 되어 버립니다. 종교적인 언어를 능숙하게 쓰는 이들은 그 답을 금세 손아귀에 넣을 것이고, 이는 또다시 예수를 배제하는 데 활용될 수 있습니다. 심판대에 선 예수 앞에서 우리의 신앙은 진퇴양난의 상태에 처할 수밖에 없습니다. 이는 불가피합니다. 중요한 것은 우리에게 다가오는 질문 앞에 멈추어 서는 것입니다.

물론, 우리는 우리를 가야파의 편에 서게 하는 특정한 행동과 말을 발견할 수 있습니다. 그 특정한 행동과 말에서 일정한 규칙을 발견할 수도 있습니다. 이 상태에서 벗어나기 위해 바꾸고 바로잡을 수 있는 일들 또한 있습니다. 그러나 심판대에 선 그리스도 앞으로 오라는 명령에서 벗어날 수 있는 길은 없습니다. 그리스도께서 우리 한 사람 한 사람을 향해 "내가 볼 수 있는 곳에 서 있어라"라고 말씀하시면, 그분을 향한 우리의 신앙은 우리 자신을 '물음표에 부치는' 다양한 과정과 였이게 될 것입니다. 이는 강박적으로 자기 자신을 조사하는 것이 아닙니다. 우리 자신의 '진정한' 동기와 갈망을 투명하게 드러내기 위해 탐구하는 것도 아닙니다. 이는 불가능합니다. 여기서 우리가 할 수 있는 일은 우리 자신이 진정 누구냐는 물음에 대한 궁극적인 답변, 만족스러운 설명을 스스로는 얻을 수 없음을 냉철하게, 끊임없이 인정하는 것뿐입니다. 우리 자신이 진정 누구인지 알기 위해서는 그리스도 앞에서 기다려야만 합니다. 이제까지 우리 스스로, 혹은 다른 누군가가 그렸던 것과 같은, 우리 자신에 대한 말끔한 상과 그럴싸한 설명에 대한 기대는 접은 채, 그리스도께서 우리를 알아주시니 그분께서는 우리에게 그것이 무엇이든 우리를 온전케 할 수 있는 것을 주시리라는 소망을 품고 기다려야 합니다.

신앙의 언어

이는 전통적인 신앙의 언어나 말들로 이루어진 지혜의 결정체를 무시하라는 말이 아닙니다. 문제는 우리의 신앙을 표현할 수 있는 말들을 찾아야 하느냐 찾지 말아야 하느냐가 아닙니다(우리는 그 말들을 찾을 수밖에 없습니다). 신앙이 일종의 공식이 되었을 때 오만, 배타주의, 자기만족을 초래할 위험성이 있는지를 따지는 것도 아닙니다(당연히 이러한 위험성이 있고, 지금도 실제로 일어나고 있습니다). 지금까지 한 이야기는 그리스도교 교리를 이루는 언어들에게 우리가 기대하는 바, 그리스도교 교리의 기능과 밀접한 관련이 있습니다. 지금까지 생각해 온 것을 염두에 둔다면 그리스도교 교리의 임무는 우리를 예수 앞에 멈추어 서게 하는 것이어야 합니다. 그리스도교 교리의 이러한 기능을 망각하는 순간, 우리는 이 언어를 활용해 우리 자신을 방어하고 타인을 멸시하며 통제하고 조정하려 합니다. 여기서 문제가 발생합니다. 디트리히 본회퍼Dietrich Bonhoeffer는 바로 이 점을 깊이 사유했습니다. 1944년 그는 감옥에서 자신의 대자代子에게 편지를 쓰며 '종교적인' 언어가 맞닥뜨리게 된 거대한 도전을 언급했습니다.

> 화해와 구원이란 무엇일까? 거듭남과 성령은 무엇을 의미할까? 원수 사랑, 십자가, 부활은 무엇일까? 그리스도 안에서 그리스도를 따르는 삶이란 무엇일까? 이 모든 것은 너무나 어렵고 너무나 멀리 떨어져 있기에 우리는 이를 이야기할 수 없단다. 우리는 전해 내려오는 말들과 실천들 속에 너무나 새로운 것, 혁명적인 것이 있음을 감지하지. 그러나 우리는 이를 이해해서 표현하지는 못하고 있어. 이것이야말로 우리 세대의 커다란 잘못이란다.
>
> 오늘날 교회는 자신을 보존하는 것만이 자신의 목적이라고 생각하고 이를 위해서만 싸우고 있어. 그 결과 인류와 이 세계에 화해와 구원을 가져오는 말씀을 무가치하게 만들어 버렸단다.[9]

---

9 Dietrich Bonhoeffer, *Letters and Papers from Prison*, enlarged edition (London: SCM Press, 1971), 399~400. 『옥중서신 - 저항과 복종』(복 있는 사람)

이는 교리의 언어가 잘못되었다거나 (이른바 합리적인 근대적 관점에 비추었을 때) 부적절하므로 보다 분명하고 단순한 개념들이 필요하다는 말이 아닙니다. 본회퍼의 이야기를 그렇게 읽어서는 절대 안 됩니다. 문제는 "우리 세대"와 "오늘날 교회" 즉 그 언어를 말하는 사람들에게 있습니다. 저 언어들이 신뢰할 만한 것으로 드러나기에는 우리에게 충분한 '깊이'가 마련되어 있지 않습니다. 그 결과 교리의 언어들은 우리와 무관한 것이 되었습니다. 저 언어들은 이 인간 세계와는 소스라칠 정도로 다른 무언가, 상상할 수 없을 정도로 심원한 무언가를 가리킵니다. 그러나 우리는 이를 잊은 채 저 언어들을 특정 집단을 드러내는 인장이나 표식처럼 사용합니다. 전통적인 그리스도교 교리 언어의 목적은 우리를 그리스도 앞에 멈추어 서게 하는 것, 달리 말하면, 우리 안에 깊이를, 우리의 생각과 행동을 철저하게 뒤집어엎을 공간을 창조해내는 것입니다.

언어의 사용과 오용

초기 그리스도교인들이 당연시하거나 쉽게 받아들이던 내용을 오늘날 사람들은 혼란스러워하거나 못 미더워하는 경우가 많습니다. 때로는 그저 지루해하기도 합니다. 이는 그리스도교 공동체에게 매우 복잡한 문제입니다. 오늘날 사람들의 이해를 돕는다는 이유로 신앙의 언어들을 개정하거나 조정하면 신앙의 언어들이 우리에게 도전하는 부분, 그 언어들이 가리키는 근본적인 낯섦 또한 평범하고 친숙하게 되어버리고 맙니다. 평범하고 친숙하게 된 신앙의 언어들은 우리에게 깊이 있는 공간을 만들어줄 수 없습니다. 그렇다고 해서 신앙의 언어들에 내포된 이해와 전제들을 둘러싼 복잡한 문제들을 무시해 버리면 우리는 별다른 고민 없이 이 언어들을 우리 자신의 권력 추구와 자기방어의 수단으로 쓰게 됩니다. 최근 많은 사람이 그리스도교 신학과 예배에서 아무런 반성 없이 성차별적인 언어를 계속해서 쓰고 있다고 강한 목소리로 비판하고 있습니다. 이 문제에 대해 교회는 또 다른 진퇴양난에 빠진 것처럼 보입니다. 이러한 문제들에 너무 민감하게 반응하기 시작하면 신앙 언어가 본래 가리키고자 하는 것에 대한 자기의식은 마비되고 그 결과 우리 안에서 어떠한 작용도 하지 못하게 되며 순전히 인간의 차원에서 협상과 동의를 표현하는 도구로 격하됩니다. 그렇다고 전통적인 신앙 언어들을 비판 없이 사용하는 것을 옹호하고 사람들의 문제 제기에 민감하게 반응하기를 거부한다면, 이때 신앙 언어는 손쉽게 특정 집단이 의식적으로 다른 집단에 맞서 자신의 입장을 방어하는 수단으로 변질됩니다. 이때도 신앙 언어들은 제대로 작동하지 못합니다. 이러한 대립은 오늘날 신학과 윤리학에서 신앙 언어를 두고 '우파'와 '좌파' 사이에 일어나는 수많은 논쟁에서 손쉽게 찾아볼 수 있습니다. 이때 각 입장은 신앙 언어가 예수 앞에 멈추어 서게 하느냐, 깊이로 우리를 초대하느냐라는 핵심을 놓친 채 그저 상대방을 공격하기만 합니다.

물론 이 문제에 대한 확실한 해결책은 없을지도 모릅니다. 우리 자신이 누구인지를 자각하는 데 도움을 주면서 동시에 우리를 멈추어 서게 하고, 기다리게 하고, 그리하여 깨닫게 하는 데 도움을 주는 길은 없을지도 모릅니다. 그럼에도 불구하고, 이러한 상황은 우리로 하여금 신학과 예배 언어에 관해 토론할 때 우리가 무엇을 하고 있는지를 성찰하게 하며, 이를 통해 우리가 진실로 기대하는 바가 무엇인지를 깨닫게 합니다. 이러한 상황 속에서 우리는 오히려 더 생명력 있게 전통적인 그리스도교 신앙 언어와 심상들에, 곧 여전히 신자들을 하나로 묶어주며 예수 안에서 새로워진 근원적인 정체성을 다루는 언어와 심상들에 집중하게 됩니다. 지금까지 미처 살피지 못했던 인간의 권력 추구, 권력의 작동 방식이 전통적인 신앙 언어와 심상들에 반영되어 있지는 않은지 비판적으로 검토하는 일은 올바른 일입니다(위에서 언급했듯 언어의 성차별적인 요소에 대한 성찰은 가장 대표적인 예입니다). 그러나 우리에게 가장 필요한 것은 교리에 바탕을 둔 진술들이 다른 진술들과 마찬가지로 받아들여도 되고 받아들이지 않아도 되는 진술들이라는, 혹은 다른 진술들과 경쟁할 수 있는 진술들이라는 전제와 태도에서 벗어나는 것입니다. 교리의 존재 이유는 우리를 진리와 어떤 관계를 맺게 하고 그리하여 우리를 변화시키는 데 있습니다. 전통적인 언어에 대한 비판적 성찰을 통해 예배 언어가 보다 단순해지고 깊이의 공간, 여백이 만들어진다면 그것은 바람직하고 좋은 일입니다. 언어가 단순해지는 것이 우리가 낯설게 여기는 것, 우리에게 불편함을 일으키는 것을 기계적으로 제거하는 것이 아니라면 말이지요.

어떤 면에서 이는 성서를 하나의 전체로 읽을 수 있는가, 읽을 수 있다면 어떻게 읽어야 하는가 하는 문제와도 닮았습니다. 이 문제에 대해 입장은 양극으로 갈라져 있고, 어느 쪽도 만족스럽지 않습니다. 한쪽에서는 성서를 획일적으로 신봉하며 자신의 주장을 관철시키기 위한 무기, 자신의 주장이 옳음을 보증하는 보루로 삼습니다. 다른 한쪽에서는 오늘날 사람들이 성서를 마주했을 때 겪는 부담을 덜어주기 위해 편집과 개선이 필요하다고 말합니다. 그러나 우리가 익혀야 할 것은 성서 말씀의 권위가 우리를 하느님 앞으로 데려가 우리로 하여금 그분 앞에 멈추어 서게 하도록 그 말씀을 받아들이는 것입니다.

진리를 보기 위한 자유

조금 달리 말하면 신앙 언어에 대한 성찰의 목적은 (어떻게 표현하든 간에) 신앙의 언어와 심상에 대한 소유권을 주장하려는 태도에서 벗어나는 데 있습니다. 앞에서 우리는 자신들의 역사에서 드러난 하느님의 지혜를 수호하는 것을 자신의 임무라고 생각하는 이들과 지혜 그 자체가 어떻게 갈등하는지를 살펴보았습니다. 종교 집단은 역사에서 지혜가 드러난다는 것의 의미를 잊어버리고, 지혜란 시간이 흐르는 동안 예측 불가능한 모습으로 펼쳐진다는 것을 끊임없이 망각하는 경향이 있습니다. 어떤 면에서 비극은 여기에서 발생합니다. 가야파가 당한 유혹은 종교 기관이 시간을 초월한 궁극적인 진리를 소유할 수 있으며 지금, 여기에서 그렇듯 앞으로도 마찬가지일 것이라고 생각하는 것입니다. 이러한 사고가 얼마나 옳은지는 잠시 논외로 하더라도, 우리는 마태오가 자신의 복음서에서 이와는 다른 관점을 제시하고 있음을 잊지 말아야 합니다. 1장에 나오는 족보에 우리가 놀라워하고 당혹스러워할 만한 지점들이 은밀히 새겨져 있듯, 지혜 혹은 진리는 우리가 예상치 못한 방식으로 우리 삶에 나타나 기존의 풍경, 그리고 풍경을 보는 시선을 뒤흔들고 이를 재구성하는 방식으로 자신을 알립니다. 결국 마태오의 복음서는, '알아보는' 능력 곧 지혜 안에서 살아가는 데 결정적인 그 능력이 가장 분명하게 드러나는 것은 있음직하지 않은 것들과 있음직하지 않은 사람들이 연결될 때임을 보여줍니다(다시 한번 1장에 나오는 미혼모 마리아, 간음한 바쎄바, 그리고 평판이 좋지 않은 여인들이 어떻게 연결되는지를 생각해보십시오. 이 연결은 언뜻 터무니없어 보입니다). 이에 관한 가장 분명한 예는 마태오의 복음서 25장에 나오는 양과 염소에 관한 위대한 비유입니다.

> 사람의 아들이 영광을 떨치며 모든 천사들을 거느리고 와서 영광스러운 왕좌에 앉게 되면 모든 민족들을 앞에 불러놓고 마치 목자가 양과 염소를 갈라놓듯이 그들을 갈라 양은 오른편에, 염소는 왼편에 자리잡게 할 것이다.
> 그 때에 그 임금은 자기 오른편에 있는 사람들에게 이렇게 말할 것이다. "너희는 내 아버지의 복을 받은 사람들이니 와서 세상 창조 때부터 너희를 위하여 준비한 이 나라를 차지하여라. 너희는 내가 굶주렸을

때에 먹을 것을 주었고 목말랐을 때에 마실 것을 주었으며 나그네 되었을 때에 따뜻하게 맞이하였다. 또 헐벗었을 때에 입을 것을 주었으며 병들었을 때에 돌보아 주었고 감옥에 갇혔을 때에 찾아주었다.”

이 말을 듣고 의인들은 이렇게 말할 것이다. “주님, 저희가 언제 주님께서 주리신 것을 보고 잡수실 것을 드렸으며 목마르신 것을 보고 마실 것을 드렸습니까? 또 언제 주님께서 나그네 되신 것을 보고 따뜻이 맞아들였으며 헐벗으신 것을 보고 입을 것을 드렸으며, 언제 주님께서 병드셨거나 감옥에 갇히신 것을 보고 저희가 찾아가 뵈었습니까?”

그러면 임금은 “분명히 말한다. 너희가 여기 있는 형제 중에 가장 보잘것없는 사람 하나에게 해준 것이 바로 나에게 해준 것이다” 하고 말할 것이다.

그리고 왼편에 있는 사람들에게는 이렇게 말할 것이다. “이 저주받은 자들아, 나에게서 떠나 악마와 그의 졸도들을 가두려고 준비한 영원한 불 속에 들어가라. 너희는 내가 주렸을 때에 먹을 것을 주지 않았고, 목말랐을 때에 마실 것을 주지 않았으며 나그네 되었을 때에 따뜻하게 맞이하지 않았고, 헐벗었을 때에 입을 것을 주지 않았으며, 또 병들었을 때나 감옥에 갇혔을 때에 돌보아 주지 않았다.”

이 말을 듣고 그들도 이렇게 대답할 것이다. “주님, 주님께서 언제 굶주리고 목마르셨으며, 언제 나그네 되시고 헐벗으셨으며, 또 언제 병드시고 감옥에 갇히셨기에 저희가 모른 체하고 돌보아 드리지 않았다는 말씀입니까?”

> 그러면 임금은 "똑똑히 들어라. 여기 있는 형제들 중에 가장 보잘것없는 사람 하나에게 해주지 않은 것이 곧 나에게 해주지 않은 것이다" 하고 말할 것이다. 이리하여 그들은 영원히 벌 받는 곳으로 쫓겨날 것이며, 의인들은 영원한 생명의 나라로 들어갈 것이다. (마태 25:31~46)

여기서 의인들이 임금을 분명하게 알아보지 못했음에도 불구하고 임금은 그들을 알아보고 칭찬합니다. 그들은 임금이 무엇을 요구하는지를 알았고 지혜 안에서 이를 행했기 때문입니다. 그들은 주린 이를 먹였고 이방인, 낯선 이들을 환대했고, 아픈 이를 돌보았습니다. 반면 임금의 요구를 거슬러 문 앞에서 누군가 자신에게 도움을 청했을 때 이를 거부한 이들은 설사 그들에게 그리스도를 알아볼 수 있는 척도가 있다 하더라도 그리스도께서는 그들을 알아보지 못하십니다.

그리스도를 알아보기

디미트리 클레피닌Dimitrii Klepinin은 러시아 정교회 신부로 수녀 마리아 스코브초바Maria Skobtsova와 함께 나치 독일이 점령한 파리에서 활동했습니다. 그는 서류를 위조해 프랑스 유대인들의 탈출을 돕다 체포되었습니다.

> 디미트리 신부는 네 시간에 걸쳐 심문을 받았다. 그는 자신이 죄가 없음을 입증하려는 어떤 노력도 기울이지 않았다. 호프만은 원래 심문을

> 마치고 루흐멜에서 그가 유대인을 더는 돕지 않겠다고 약속하면 그를 풀어줄 생각이었다. 신부는 자신이 걸고 있던 십자가 목걸이를 들고선 십자가에 매달려 있는 사람을 가리키며 물었다. "그러나 당신은 '이 유대인'을 알지 않소?" 호프만은 신부의 얼굴에 주먹을 갈겼다.[10]

디미트리 신부와 마리아 수녀는 모두 수용소에서 죽음을 맞이했습니다. 수용소에서 나치 친위대는 신부를 조롱했습니다. 훗날 이를 목격한 사람들은 말했습니다.

> 친위대 중 한 명이 그를 경멸 어린 어투로 유대인 새끼라 불렀다. 그러고선 그를 구타했다.[11]

여기에는 그리스도를 알아보는 것에 담긴 매우 중요한 원리가 담겨 있습니다. 디미트리 신부는 마태오의 복음서가 전하는 가르침을 몸으로 살아냈습니다. 1942년 파리에 살던 7,000명에 달하는 유대인이 도시에서 추방되기 전 그르넬가에 있던 경기장에 강제로 이송되었을 때 그는 고통받고 있는 유대 군중 가운데서 "이 유대인", 십자가에 매달린 예수를 발견했습니다. 디미트리 신부는 과거 유대인들이 예수 살인을

---

10 Sergei Hackel, *Pearl of Great Price: The Life of Mother Maria Skobtsova 1891-1945*, second edition (London: Darton, Longman and Todd, 1982), 120.

11 위의 책, 123.

공모했다는 신화를 들어 자신이 알아본 예수를 지나치지 않았습니다. 그는 자신을 심문하는 이들(이들은 아마도 그리스도교인이었을 것입니다)을 향해 자신이 알아본 예수를 알리고자 했습니다. 적어도 "이 유대인"만은 알아야 한다고, 반드시 알아야 한다고 호소한 것입니다. 이러한 호소에 심문자들은 그를 수용소에 보내는 것으로, 그를 조롱하는 것으로, 그에게 폭력을 가하는 것으로 응답했습니다. 그를 또 하나의 "유대인"으로 대한 것입니다. 그렇게 디미트리 신부는 십자가에 매달린 이, 십자가에 못 박힌 유대인과 함께하는 권리를 얻게 되었습니다.

십자가, 곧 십자가에 매달린 이에 대한 상징이 디미트리 신부의 경우처럼 그리스도를 알아차리게 하지 못한다면(그리고 그 자신이 이를 알아보았음을 드러내지 못한다면) 그것은 텅 빈 기호에 불과합니다. 십자가가 그저 자신이 겪고 있는 고통에 의미를 부여하는 그럴싸한 방법이라면, 십자가가 그저 인간의 고통을 추상화한 상징에 불과하다면, 우리가 십자가에 주목하는 것이 그저 고통에 매료되게 하기 때문이라면, 이는 진정한 의미에서 예수의 십자가라고 할 수 없습니다. 그렇기에 설사 타인에게 고통을 안겨주는 집단, 타인에게 폭력을 휘두르기로 공모한 집단이 십자가를 자신들의 증표로 삼는다 할지라도 그것을 예수의 십자가라 할 수는 없습니다.

미국 신학자 조지 린드벡George Lindbeck은 과거 십자군이 무슬림을 학살하며 "그리스도는 주님이시다"라고 외쳤을 때 그 말을 참된 진술로 볼 수 있느냐는 질문을 제기한 적이 있습니다.[12] 우리는 그 말이 이 세계에서 일어나는 일들을 대강 진실하게 묘사한다고 말할 수도 있습니다. 그러나 어떠한 말도 대강 사용되는 법은 없습니다. 여기서, 우리는 다시금 1장의 주제, 그리고 이번 장의 주제였던 예수에 관한 표현들이 친숙해졌을 때, 그 표현들을 사용하는 데 능란해졌을 때의 위험을 상기해야 합니다. 누군가 그 표현들을 두려움과 떨림 없이 그저 편안하게 사용한다면 그 표현들이 가리키는 본래 뜻은 가려지고 화자 자신의 우월함(그리고 이와 대비되는 타인의 열등함)만이 드러나게 됩니다.

부서진 세계를 치유하기

고대 유대교 신비주의 신화는 하느님의 임재, 혹은 하느님의 지혜를 뜻하는 셰키나Shekhinah가 세계가 창조되는 과정에서 파편처럼 흩어져 남아 있다고 말합니다. 지혜는 부서져 불꽃처럼 흩어진 살아있는 진리가 되었고 이 세계 곳곳의 심층에 자리하게 되었습니다. 그 결과 이 세상에서 살아있는 진리는 이 물질세계를 구성하는 내적 질서와 원리에 반영되었고, 예상치 못한 인물들의 삶에 감추어져 있게 됩니다. 이에 몇몇 작가는 하느님의 지혜를 누더기를 걸친 채 하느님의 백성에게 발견되어 고향으로 인도받을 때까지 세계를 방랑하는 공주로 묘사했습니다.

---

12 George Lindbeck, *The Nature of Doctrine: Religion and Theology in a Postliberal Age*, London: SPCK, 1984, 64.

거룩한 지혜의 삶이란 부서진 세계를 치유하는 삶입니다. 물론 이 세계는, 그리고 역사는 언제나 다시금 망가지고 부서집니다. 성인은 위로부터 내려오는 셰키나와 이 세계에 심층에 있는 셰키나를 한데 모아 아름다운 문구 하나에 담고, 지금 이곳에 오고 계시는 하느님에게 일관되게 자신을 열어 놓는 삶을 살아갑니다. 이로 인해 하늘의 영광은 이 세계에서 부서진 파편들을 통해 온전히 빛을 발합니다. 이처럼 강렬한 심상을 제대로 보려면 마태오가 자신의 복음서 한가운데에 둔 역설을 받아들여야 합니다. 그 역설이란 지혜가 창조세계, 그리고 하느님 백성의 역사에서 가장 근본적인 실재이지만 가장 알아보기 어렵다는 것입니다.

지혜가 알려지면 이 세계에서 일어나는 맹목적인 부정의와 폭력은 치유될 수 있습니다. 마태오가 그리는 심판대에 선 예수, 대사제와 율법 교사들 앞에 서서 심판받는 예수 이야기는 부서지고 추방당한 셰키나, 거지의 옷을 입은 지혜의 모습을 구체적으로 보여줍니다. 이 이야기를 관통하는 논리를 따라가면 우리는 거지의 옷을 입고 있는 지혜를 알아볼 수 있습니다. 마태오의 복음서 25장이 알려주듯 지혜는 우리에게 자신을 알아보기 위해서는 굶주린 이들, 힘없는 이들을 보아야 한다고 요구합니다. 즉 지혜를 알아보기 위해서는 기존에 소유하고 있던 것을 포기하는 데, 기존에 갖고 있던 앎을 내려놓는 데 익숙해져야 합니다. 예수의 삶을 통해 드러난 지혜는 이 세상에서 살아가는 인간들이 겪는 고통, 인간들이 마주한 위협에 노출된 지혜입니다. 그러므로 이 지혜 안에서, 이 지혜를 따라 살기 위해서는 예수와 함께 고통과 위협을 견디고 어떻게든 그가 보여준 자기 비움을 따라야 합니다. 이를 마태오가 그리는 재판 이야기라는 맥락에 놓고 본다면, 우리는 신앙 언어를 우리 자신을 방어하거나 타인을 공격하는 무기로 삼는 태도를 완전히 버려야 합니다.

하느님에게 우리 자신을 맞추기

『고백록』Confessiones 제7권에서 성 아우구스티누스는 마지막으로 회심하기 전 자신의 상태를 기술합니다. 그때 그는 자신이 그리스도께서 연약해지신 의미를 헤아리지 못했다고 말합니다.

> 만물을 창조하신 당신은 그 지혜가 저희 갓난이 적에 젖을 먹이게 하셨습니다. 당신께서는 저 지혜를 통해서 만물을 창조하셨습니다. 그러나 저는 미천한 사람으로서 미천한 예수님을 저의 하느님으로 받아 모시지 못하고 있었습니다.

대다수 현대인에게 '미천함'은 부정적인 느낌이 강한 말이지만 아우구스티누스가 이 말을 통해 전하는 내용은 매우 현대적입니다. 그에 따르면 지혜는 맹목적인 복종이나 자기비하를 통해 발견할 수 없습니다(역사에서 교회는 자주 이렇게 해야 한다고 했지만 말입니다). 회심하기 전까지 아우구스티누스는 이 물질세계, 물질세계의 역사에서 일어나는 온갖 갈등과 죄를 고도로 추상화함으로써 지혜를 발견할 수 있다고 생각했습니다. 하지만 이제 그는 그러한 생각이 잘못되었음을 인정합니다. 지혜는 인간 삶의 '연약함'을 통해 자신의 이야기를 인간에게 건넵니다. 그러므로 자신이 얼마나 연약한 존재인지를 인정할 때만, 자기 스스로를 강하게 여기게 하는, 그래서 안정을 주는 모든 거짓 위안을 거부할 때만 생명의 하느님께 우리 자신을 맞출 수 있습니다.

이는 의도적으로 자기를 낮춤으로써 실제로는 있지도 않은 약점을 만들라는 이야기가 아닙니다. 자신이 아무런 쓸모도 없다고 여김으로써 갈등과 문제들을 회피해야 한다는 이야기도 아닙니다. 아우구스티누스가 이야기하는 미천함은 특정한 '가치'가 아닙니다. 이 말은 인간이 실제 삶을 살아가는 동안 불가피하게 직면할 수밖에 없는 모순들, 이에 대한 인간의 연약함을 가리킵니다.

이 모순들과 연약함을 부정하거나 회피한다면 우리는 예수 그리스도의 탄생, 생애, 죽음을 통해 드러나는 살아 있는 진리를 헤아릴 수 없게 됩니다. 예수 그리스도를 통해 드러나는 진리, 하느님의 지혜는 다소 어려운 신학 용어로 말하면 '케노시스'*κένωσις*라는 특징을 갖고 있습니다.[13] 이는 우리를 위해 인간의 삶을 살고 죽기까지 하느님에게 순종하는 영원한 말씀이신 그리스도의 자기 포기, 자기 비움을 통해 드러난 사랑을 뜻합니다.

---

13 '케노시스'(자기 비움)란 그리스도께서 자신이 온전한 인간임을 드러내기 위해 자발적으로 자신의 신성을 포기한 것을 뜻합니다. 이 말은 '비움'을 뜻하는 그리스어 '케노스'*κενός*에서 유래했습니다.

자신의 이익을 위해서는 끊임없이 투쟁해야 한다고 등 떠미는 세상, 다른 사람의 희생을 감수하면서라도 자신의 지위를 확립하는데 성공이 달려 있는 세상에서 하느님의 지혜는 언제나 유배자, 난민이 됩니다. 그러므로 하느님의 지혜를 얻기 위해 첫 번째로 할 일은 (최근 한 신학자가 말한) "희생당한 이의 관점"The intelligence of the victim을 갖는 것입니다.[14] 희생당한 이의 관점을 갖춰야 하는 이유는 희생자가 되는 것이 그 자체로 선하거나 거룩하기 때문이 아닙니다. 오히려 "희생당한 이의 관점"을 갖는다는 것은 힘을 추구하는 체제에서 배제된 이들의 관점으로 세상을 바라봄으로써 모든 대가를 치르고서라도 우리가 힘을 가져야 한다는, 권력을 가져야 한다는 생각에서 벗어나는 것을 뜻합니다. 희생자는 힘을 추구하는 이 세계의 질서가 자신의 할 일을 마친 후에 내팽개친 이, 버린 이를 가리킵니다. 그렇기에 희생자는 그 존재 자체로, 자기야말로 인간의 필요와 문제에 포괄적인 해결책이라고 주장하는 모든 이념, 제도, 체제에 끊임없이 이의를 제기합니다. 희생자의 편에 섬으로써 우리 또한 그러한 주장에 의문을 제기합니다.

심판대에 선 예수를 향해 나아갈 때 우리는 우리 자신이 진실로 무엇을 이야기하고 있는지를 돌아봐야 합니다. 그리스도교인으로서 우리는 하느님의 조건 없는 사랑을 말합니다. 연약하고 죄된 백성의 역사에 하느님이 자기 자신을 낮추셔서 활동하신다고 이야기합니다. 하

---

14 이와 관련해 James Alison, *Knowing Jesus* (London: SPCK, 1993)와 같은 저자가 쓴 *The Joy of Being Wrong: Original Sin through Easter Eyes* (New York: Crossroad, 1998), 특히 5장을 보십시오.

느님의 지혜가 육신을 입고 오셨다고, 예수가 겪은 고통과 죽음이라는 실패를 통해 이를 드러내셨다고 말합니다. 이에 예수는 우리를 향해 말합니다.

그것은 너의 말이다.

"너"는 다름 아닌 당신입니다. 지금, 당신은 어디에 서 있습니까?

예수여,
교회에서 쓰는 말들 뒤에 숨지 않도록 우리를 도우소서.
우리가 예배할 때, 그곳에는 언제나 새로움이 있음을
당신을 볼 수 있는 새로운 방식이 있음을
알고 느끼게 하소서.
당신께서는 우리가 생각하는 것보다
언제나 더 많은 것을 주시는 분임을 잊지 않게 하소서.
아멘.

날이 밝자 백성의 원로들을 비롯하여 대사제들과 율법학자들이 모여 법정을 열고 예수를 끌어내어 심문을 시작하였다. "자, 말해 보아라. 그대가 그리스도인가?" 예수께서는 "내가 그렇다고 말하여도 너희는 믿지 않을 것이며 내가 물어보아도 너희는 대답하지 않을 것이다. 사람의 아들은 이제부터 전능하신 하느님의 오른편에 앉게 될 것이다" 하고 대답하셨다. 이 말씀을 듣고 그들은 모두 "그러면 그대가 하느님의 아들이란 말인가?" 하고 물었다. 예수께서 "내가 하느님의 아들이라는 것을 너희가 말하였다" 하고 대답하시자 그들은 "이제 무슨 증언이 필요하겠습니까? 제 입으로 말하는 것을 우리가 직접 듣지 않았습니까?" 하고 말하였다. 그리고 나서 온 의회가 일어나 예수를 빌라도 앞에 끌고 가서 … 고발하기 시작하였다. … 빌라도는 이 사람이 갈릴래아 사람이냐고 묻고 예수가 헤로데의 관할 구역에 속한 것을 알고는 마침 그 때 예루살렘에 와 있던 헤로데에게 예수를 넘겨주었다. … 헤로데는 이것 저것 캐어 물었지만 예수께서는 아무런 대답도 하시지 않았다. … 헤로데는 자기 경비병들과 함께 예수를 조롱하며 모욕을 준 다음 화려한 옷을 입혀 빌라도에게 돌려보냈다. 헤로데와 빌라도가 전에는 서로 반목하고 지냈지만 바로 그 날 다정한 사이가 되었다. (루가 22:66~23:12)

03

루가 - 창문을 두드리는 소리

경계선 밖에서

누군가 비를 맞고 서 있네.
그는 창문을 두드리네.
크리스마스에도 그는 창문을 두드리네.
그는 다시 나타나
창문을 두드리네.
예전과 똑같이 창문을 두드리네.

시드니 카터Sydney Carter가 부른 이 노래에서 성서에 등장하는 그리스도의 모습과 일상에서 쉽게 볼 수 있는 광경이 절묘하게 엮입니다. 이 노래에서는 (묵시 3:20처럼) 문밖에 서서 문을 두드리는 그리스도와 기구한 사연으로 인해 여관 문 앞에 당도한 사람의 모습이 자연스럽게 포개집니다.[1] 어쩌면 이는 크리스마스에 누구도 듣고 싶어 하지 않는 메시지를 갖고 온 카터 본인을 암시하는 것일지도 모르겠습니다.

창문을 두드려도 소용없네.
저희가 해드릴 수 있는 게 아무것도 없습니다, 손님.
객실 예약은 전부 찼습니다.
남은 객실이 없습니다, 손님.
네, 여기에는 구유가 없습니다.
네, 여기에는 마구간도 없습니다.
저희가 그리스도교인이기는 합니다만,
도와드리고 싶지만 할 수 있는 게 없습니다.[2]

2장 마지막에서 저는 '희생자의 관점'에 대해 이야기한 바 있습니다. 이 세상을 이루는 체제에서 배제된 이들만이 가질 수 있는 시선, 루가는 바로 이러한 시선에 특별히 관심을 두었습니다. 종종 사람들은

1 "들어라. 내가 문밖에 서서 문을 두드리고 있다. 누구든지 내 음성을 듣고 문을 열면 나는 그 집에 들어가서 그와 함께 먹고, 그도 나와 함께 먹게 될 것이다." (묵시 3:20)

2 Sydney Carter, 'knocking on the Window', © TRO Essex Music Ltd.

루가의 복음서가 비유대인들을 겨냥한 복음서라고 말합니다. 그러나 이는 절반의 진실일 뿐입니다. 루가의 복음서는 유대인이든 이방인이든 그 밖의 누구든, 그 어디에도 속하지 않은 이들을 위해 쓴 복음서입니다. 첫 번째 장에서부터 루가는 세상의 중심에 대한 우리의 사고방식, 그리고 경계를 짓는 우리의 사고방식에 이의를 제기합니다.

복음서 처음 세 장에서 그는 의도적으로 세속 역사를 언급합니다.

> 헤로데가 유다의 왕이었을 때에 … (루가 1:5)

> 그 무렵에 로마 황제 아우구스토가
> 온 천하에 호구 조사령을 내려 … (루가 2:1)

> 로마 황제 티베리오가 다스린 지 십오 년째 되던 해에 … (루가 3:1)

일반적으로 사람들은 세상의 지도를 이런 식으로 그립니다. 세상의 중심에는 지배자가 있고 세상은 그를 중심으로 만들어집니다. 그렇기에 지배자의 역사는 이 세상의 척도가 됩니다. 그러나 루가는 이런 이야기를 전하다 갑자기 방향을 바꾸어 이 세상 가장자리에 있는 인물, 혹은 인물들(아이를 갖지 못한 나이든 부부, 결혼하지 않은 어느 마을의 여인, 사막을 떠돌아다니는 기인)에게 초점을 맞춥니다. 이들을 둘러싼 인물들 역시 사회 변두리에 속한 사람들입니다. 목자들의 경우 당시 종교적 순결주

의자들은 율법이 요구하는 바를 온전히 수행할 수 없는 집단으로 여겼습니다. 성전에 있던 시므온과 안나 역시 기구한 삶을 살았던 외로운 인물들이었습니다. 그리고 루가의 복음서 3장에서 아브라함의 독실한 자손들을 향해 경멸 어린 말을 퍼부었던 세례자 요한은 세금 징수원과 군인들에게 친절한 말을 건넵니다. 각 이야기에서 중심인물은 여러모로 외부인입니다. 아이를 갖지 못한 부부, 미망인, 미혼모, 하느님을 기쁘게 할 수 없다고 여겨지는 이들, 이들은 모두 완강한 가부장 사회, 혹은 종족 중심 사회라는 '정상' 구조 밖에 있습니다.

관점의 변화

하느님의 활동은 바로 이들, '가난한 이들'을 통해 이루어집니다. 여기서 '가난한 이들'은 단순히 경제적으로 박탈당한 이들을 뜻하지 않습니다. '가난한 이들'이란 사람들이 기대를 접은 이들, 혹은 별다른 기대를 하지 않는 이들, 사람들의 시선에서 배제된 이들, 사람들이 애써 찾지 않는 이들을 가리킵니다. 그들은 이 세상에서 분명하게 살아 숨쉬고 있으나 사람들 눈에 띄는 분명한 입지를 갖고 있지 못합니다. 그러나 권력자들, 권력을 추구하는 세계를 꾸짖고 물리치시는 하느님이 이들을 높이십니다. 하느님은 이들에게 벌어지는 일에 한 줄기 빛을 비추심으로 모든 이의 인식을 바꾸십니다. 루가의 복음서 첫 세 장에 등장하는 세 위대한 송가(마리아의 찬가, 즈가리야의 노래, 시므온의 찬가) 모두 이 주제를 다룹니다. 곧 하느님은 당신이 택하신 민족에게 약속하신 바를 지키셨습니다. 그분은 이 세계가 전제하는 것들을 뒤엎으셨습니다. 이 위대한 개입을 통해 그분의 빛은 유대인과 이방인 모두에게 비추었습니다.

그러므로 3장이 시작되면서 펼쳐지는 이야기는 외부인들 사이에서 일어나는 하느님의 활동을 그리고 있습니다. 루가는 예수와 그를 따르는 이들, 그리고 헤로데와 카이사르를 대변하는 이들을 연이어 대립시키면서 이를 더욱 명료하게 드러냅니다. 루가는 자신이 쓴 복음서와 사도행전에서 다른 복음서 저자들보다 재판 장면에 더 많은 분량을 할애했습니다. 예수의 이야기를 제자들의 시점에서, 그들이 겪은 바를 통해 전하고자 했기 때문입니다. 루가의 복음서는 시작부터 근엄한 어조로 헤로데, 아우구스토(아우구스투스), 티베리오(디베료), 빌라도, 안나스, 카야파스, 그리고 대단히 모호한(그래서 루가가 어느 정도는 조롱을 담아 쓴 것으로 보이는) 아빌레네의 리사니아(루사니아)의 이름을 거론하고 다양한 방식으로 예수 또는 그의 제자들과 만나게 합니다.

헤로데 안티파스에 대한 예수의 반응(루가 13:31~33)과 심판대에서 그 앞에 섰을 때 보인 침묵, (사도행전에 나오는) 대사제들의 법정에서 베드로와 요한의 증언, 헤로데 가문의 일족이 베드로를 체포한 일, 카이사르 앞에서 바울이 한 항변, 이 모든 것은 루가의 복음서를 여는 장면에 담겨 있는 규칙을 더욱 도드라져 보이게 합니다. 루가는 이 사건들을 하나씩 지적하면서 자신이 그리는 전체 이야기가 인류 역사의 지도가 다시 그려진 이야기, 세상이 완전히 바뀐 이야기임을 우리에게

상기시킵니다.[3]

그는 이 주제를, 복음서 내용을 이어가며 상실, 수치심, 환대에 관한 비유들(탕자의 비유, 바리사이파 사람에 관한 비유, 세금 징수원에 관한 비유)을 통해 좀 더 진지하게 탐구합니다. 또한 예수가 여러 지역을 돌아다니며 만나는 사람들의 이야기를 전함으로써 우리가 세상의 중심이라고 여겼던 곳에서 다른 곳을 향하도록 관점의 변화를 끌어냅니다. 이를테면 7장 후반부에서 그는 바리사이파 사람이 연 저녁 식사에 난입한 "죄인인 한 여자"를 핵심 인물로 그립니다. 19장에서는 사람들의 눈길을 피하려다 주님이 자신의 이름을 부르는 바람에 모든 이의 시선을 한 몸에 받은 자캐오(삭개오)가 이야기의 핵심 인물이 됩니다(루가는 이 장면에 슬며시 희극적인 요소를 집어넣었습니다). 당시 기준으로 이들은 모두 누구에게도 환대받지 못했을 뿐 아니라 자신의 목소리를 내지도 못했던 이들이었습니다. 루가는 이들이 가장 환대받는 이들이 되었다고 선언합니다.

목소리를 갖지 못한 사람들

> 예수께서 이렇게 말씀하셨다. "어떤 사람이 큰 잔치를 준비하고 많은 사람들을 초대하였다. 잔치 시간이 되자 초대받은 사람들에게 자기 종

---

[3] "세상을 소란하게 한 그 사람들이 여기에도 나타났습니다." (사도 17:6)

을 보내어 준비가 다 되었으니 어서 오라고 전하였다. 그러나 초대받은 사람들은 한결같이 못 간다는 핑계를 대었다. 첫째 사람은 "내가 밭을 샀으니 거기 가봐야 하겠소. 미안하오" 하였고 둘째 사람은 "나는 겨릿소 다섯 쌍을 샀는데 그것들을 부려보러 가는 길이오. 미안하오" 하였으며 또 한 사람은 "내가 지금 막 장가들었는데 어떻게 갈 수가 있겠소?" 하고 말하였다. 심부름 갔던 종이 돌아와서 주인에게 그대로 전하였다. 집주인은 대단히 노하여 그 종더러 "어서 동네로 가서 한길과 골목을 다니며 가난한 사람, 불구자, 소경, 절름발이들을 이리로 데려오너라" 하고 명령하였다. 얼마 뒤에 종이 돌아와서 "주인님, 분부하신 대로 다 했습니다. 그러나 아직도 자리가 남았습니다" 하고 말하니 주인은 다시 종에게 이렇게 일렀다. "그러면 어서 나가서 길거리나 울타리 곁에 서 있는 사람들을 억지로라도 데려다가 내 집을 채우도록 하여라. 잘 들어라. 처음에 초대받았던 사람들 중에는 내 잔치에 참여할 사람이 하나도 없을 것이다." (루가 14:16~24)

큰 잔치에 관한 비유는 마태오의 복음서에도 나오지만, 마태오가 선한 사람과 악한 사람 모두가 초대받았다는 점에 강조점을 두는 반면 루가는 도움이 필요한 사람들, 이 사회에서 주도적으로 무언가를 할 수 없는 이들에게 초점을 맞춥니다. 의미심장하게도 이 비유는 예수가 잔치를 베풀 때 베풀어준 것을 도로 받을 만한 사람들은 초대하지 말라고 말한 직후에 나옵니다(루가 14:12~14). 이렇게 예수는 모든 교환 체제에서 인간의 가치를 측정하는 데 쓰이는 모든 규칙(지위, 미덕, 특정한 일과 관련해 자신의 역할을 수행할 수 있는 능력 등에 따라 사람들의 가치를 따지는 모든 법)을 파기합니다. 이는 분명하게 루가의 복음서 도입부와 연결됩니다. 즈가리야, 마리아, 시므온, 안나는 그들이 속한 사회, 세계에서 무언가를 생산해 내 그 사회에 보탬이 되는 사람들이 아니었습니다. 모든 집단, 그리고 민족에서 가장 중요한 사안은 지속해서 구성원을 만들어냄으로써 그 집단 혹은 민족의 생명을 유지하는 것입니다. 그러나 위에서 언급한 인물들은 이러한 중요한 문제에 별다른 기여를 할 수 있는 인물들이 아니었습니다.

목소리를 낼 권리를 갖지 못한 이들, 이 세상을 지배하는 시장에서 쓸 수 있는 화폐를 가지고 있지 못한 이들은 아무런 말도 못 하고 살 수밖에 없습니다. 이들은 세상을 길들이고 구성해 가는 데 끼어들 수 없습니다. 이들에게는 자신들의 목소리를 낼 곳이 없습니다. 권력을 가진 이들은 자신들이 중심을 이루는 세상 질서를 유지하기 위해 이들의 목소리가 배제되어야 한다고 끊임없이 말합니다. '가난한 이'가 하는 말은 실제로 변화를 일으키지 못합니다. '가난한 이'가 쓰는 화폐는 거부당합니다. 대다수 사람은 '가난한 이'에게서 선한 것이 나오리라고 여기지 않습니다. 아무도 그에게 귀 기울이려 하지 않고, 그가 무슨 일을 이루리라고 기대하지도 않습니다. 바로 이 때문에 루가는 예수의 재판 장면을 그리며 마르코의 복음서와 마태오의 복음서가 탐구했던 주제에 새로운 색채를 덧입힙니다. 루가의 복음서 22장 67절에서 법정에 모인 백성의 원로, 대사제, 율법학자들은 예수를 향해 "그대가 그리스도인가?"라고 묻습니다. 이에 그는 답합니다.

> 내가 그렇다고 말하여도 너희는 믿지 않을 것이며 내가 물어보아도 너희는 대답하지 않을 것이다. (루가 22:67~68)

이는 이렇게도 풀 수 있을 것입니다.

> 내게는 너희가 들을 수 있거나 대답할 수 있는 말이 없다.

이렇게 루가는 예수를 목소리가 배제된 이들의 자리에 위치시킵니다. 그리고 바로 이 지점에서 루가는 슬쩍 독자들에게 마르코가 그린 그림을 상기시킵니다. 하느님의 '초월'이란 무엇이며 그 '초월'은 어디서 발견할 수 있을까요? 마르코는 외로이 이 세상에 저항할 때, 쓸 만하고 유익한 결과를 내지 못함에도 불구하고 진리를 향해 결단할 때 발견할 수 있다고 말했습니다. 여기서 루가는 한발 더 나아가 담대히 말합니다. 하느님의 초월은 자신의 목소리를 갖지 못한 이들, 세상에 영향을 미칠 힘을 갖지 못한 이들, 이 세상에서 자신들이 갖고 있던 최소한의 권리마저 모두 박탈당한 이들에게서 드러난다고 말입니다. 하느님께서 그들과 함께하시는 이유는 그들이 윤리적으로 선해서도 아니고 그들이 순교자들이기 때문도 아닙니다. 하느님이 그들과 함께하신 이유는 순전히 그들이 이 사회에서 잉여 인간 취급당하는, 찌꺼기 같은 존재들이기 때문입니다. 이 세상 사회와 윤리를 수호하는 이들은 각 사람의 사회적 역량과 윤리적인 가치를 고려한 다음 그들을 배제했습니다. 우리가 세운 세상은 언제나 소외를 발생시키기 마련입니다. 달리 말하면, 우리가 세운 세상은 누군가의 이익과 복지, 그들의 현실을 도외시하지만 하느님은 바로 이 가운데서 당신을 드러내십니다. 우리는 모든 이에게 걸맞은 자리를 마련하는 방식으로 세상을 만들어내지 못합니다. 우리가 사회를 특정한 형태로 이루려 할수록, 특정한 윤리적 삶을 모범으로 내세우려 할수록 필연적으로 배제가 일어납니다.

연결을 이루시는 하느님

하느님이 이 사회에서 잉여 인간 취급당하는 이들, 찌꺼기 취급당하는 이들과 함께하신다는 뜻은 하느님이 공동체의 구성원으로서 한 사람 한 사람이 져야 할 책임과 윤리는 전혀 신경 쓰지 않으시고 이에 대해 물음도 제기하지 않으신 채 (다른 사람들은 긍정하지 못하는) 이들을 무조건 긍정하는 분이라는 뜻일까요? 이러한 생각은 하느님을 모든 사람의 윤리적 허물과 실패까지 쓸어 담는, 일종의 거대한 쓰레기통으로 보는 것과 마찬가지입니다. 아니면 저 말은 순전히 이 사회에서 배제되었다는 이유만으로 하느님이 그들에게 어떤 윤리적 우월성을 주셨음을 뜻하는 걸까요? 앞에서 언급했듯 우리는 하느님을 기존에 있는 힘이나 권력과 동일시하려는 성향이 있습니다. 위와 같은 생각들은 그러한 성향이 자연스럽게 드러난 것이라고 할 수 있습니다. 그러나, 바로 그렇기 때문에 위와 같은 생각들은 모두 잘못되었습니다.

그리스도교 작가라면 으레 그러하듯 루가는 인간의 행동 중에는 하느님의 뜻에 부합하는 행동이 있고 그렇지 않은 행동이 있음을, 그리고 판단하고 결단하는 행위, 비난을 받을 만한 행위가 있음을 분명하게 이야기합니다. 루가는 그 어느 곳에서도 '배제된 이들'이 그렇지 않은 이들보다 우월하다고 말하지 않습니다. 즈가리야는 평범하고 소심한 시골 성직자였습니다. 바리사이파 사람이 연 식사 자리에 찾아온 여인은 정말로 죄인이었습니다. 자캐오는 자신의 탐욕을 채우기 위해 로마 제국에 협력한 사람이었습니다.

옛날에도 그랬고 오늘날에도 그렇고 하느님이 인격도 없고 어떠한 주장도 하지 않는다는 생각과, (이와는 반대로) 하느님이 반역자, 독불장군, 윤리적으로나 심리적으로나 문제가 있는 이들, 패배와 상실로 고통받는 희생자들만 편드신다는 생각을 한꺼번에 모두 거부하기란 어려운 일입니다.

그렇다면 루가는 하느님을 배제된 이들 곁에 놓음으로써 우리에게 무엇을 말하고자 한 것일까요? 먼저 우리는 그가 옳고 그름을 이야기하는 것이 아님을 염두에 두어야 합니다. 하느님이 배제된 이들을 통해 당신을 드러내시는 이유가 그들이 배제되지 않은 이들보다 좀 더 나은 존재이기 때문이라고 생각한다면, 이는 이 책에서 끊임없이 버려야 한다고 이야기한 사고방식으로 되돌아간 셈입니다. 우리는 '배제된 이들'에게서 하느님이 그렇지 않은 이들보다 낫다고 여기실 만한 점들을 찾으려고 해서는 안 됩니다. 이는 하느님에게 속하는 '기준'을 기존의 것에서 다른 것으로 바꾸는 것에 불과합니다. 역사에서 기존의 체제를 거슬러 일어난 반란들은 언제나 이러한 아이러니에 빠졌습니다. 반란은 언제나 기존 관습에서 완전히 자유로워질 수 있다고 말했지만 결국 또 다른 관습을 만들어냈고, 예전의 역할 모델을 대체하는 또 다른 영웅을 만들어냈습니다. 1960년대에 자란 분들이라면 체제에 저항하는 운동이 이내 또 다른 '체제'를 수호하는 운동으로 바뀌었음을 기억하고 있을 것입니다. 대항문화countercultures가 일련의 관습들이 모인 문화를 거부하는 또 하나의 '문화'가 되는 데는 그리 오랜 시간이 걸리지 않았습니다.

'배제된 이들'과 함께하시는 하느님을 그림으로써 루가가 이야기하고자 하는 바는 이보다 훨씬 단순합니다. 어느 현대 작가는 하느님은 우리가 이룰 수 없는 연결을 이루신다고 말한 적이 있는데 루가의 복음서가 이야기 하는 바도 이와 다르지 않습니다.

잉여 인간 취급당하는 사람, 우리가 그 자리를 보장해주지 못하는 사람, 우리가 제공하는 복지의 안전망에 들어와 있지 않은 사람, 이 세계가 제시하는 기준에 맞지 않는 사람은 우리에게, 이 사회에게 우리 고유의 한계들과 이 사회 고유의 문제점들을 상기시킵니다. 우리가 (우리 자신의 척도로 삼는) 이 세계의 불완전함을 인정하면 인정할수록, 우리는 이 세상에서 배제되고 이 세상이 제공하는 것들을 받지 못하는 이들의 운명에 대해 생각해 볼 수 있게 됩니다. 물론 이를 받아들인다 해도 이러한 사람들을 어떻게 돌봐야 할지 갈피를 잡지 못할지도 모릅니다. 어떻게 해야 할지 아무런 생각도 떠오르지 않을 수 있습니다. 그러나 우리가 이룰 수 없는 연결을 하느님께서 이루시고 그 가운데 당신을 드러내심을, 우리는 조금씩 또 조금씩 감지할 수 있게 됩니다.

다른 이들의 권리를 허용하기

모든 윤리, 사회 체계는 내 안에서 일어나는 욕망과 필요를 충족하는 것이 전부가 아님을 감지하는 데서 시작됩니다. 그러나 현실에서 모든 체계는 다른 이들을 평가절하하거나 배제하는 방식으로 세워지는 듯합니다. 내 욕망과 필요에 따른 요구가 그러하듯 다른 이의 욕망과 필요에 따른 요구 또한 진실함을 알지만, 결국 누군가의 요구는 보류되기 마련입니다. 정치권의 거시적 계획들은 '지금, 이 순간' 특정 집단의 복지나 행복을 기약 없이 뒤로 미루면서도 '미래'를 위한다는 명분을 내세울 때가 너무도 많습니다. 고전적인 마르크스주의와 근대 자본주의는 적어도 이 부분에서는 공통점을 갖고 있습니다. 당장은 굶고 있더라도 내일은 정의가 실현될 것이며, 당장은 일자리가 없더라도 내일은 모두가 적절하게 재산을 갖게 되는 민주주의가 실현될 것이라고 주장한다는 점에서 말이지요.

이러한 생각은 오늘날 우리 사고에 깊이 스며들어 있으며 '권리들'이 해결 불가능한 갈등을 일으킬 때 분명하게 드러납니다. 어떤 사람이 아이를 살해한 후 유죄판결을 받고 20년간 감옥에서 복역하는 동안 커다란 변화를 겪어 성숙해졌다고 가정해 봅시다. 이 사람에게 새 출발을 할 '권리'가 없다고 말할 사람은 없을 것입니다. 하지만 살해당한 아이의 부모는 어떻습니까? 그들에게도 권리, 곧 자신들의 삶을 산산조각낸 잔악무도한 행위를 이 사회가 잊지 않았으며 용인하지도 않았음을 확인받을 권리가 있지 않습니까? 어떠한 결정을 내리든 결국 그 과정에서 '배제된 이'는 나옵니다. 그 결정에 따라 상황이 바뀌더라도 누군가는 아무런 영향력을 갖지 못하고, 윤리적으로 공감을 얻지도 못합니다.

좀 더 친숙한 일, 우리가 일상에서 쉽게 겪는 일을 예로 들어볼까요. 우리 삶에는 여전히 끝나지 않은 채 남아 있는 일들이 가득하고, 우리가 그들에게 받은 것을 다 갚을 수 없는 사람들이 많습니다. 이 세상에는 나를 결코 용서하지 않을 사람이 있고 또한 내가 결코 용서하지 않을 사람이 있습니다. 우리의 인생이라는 그림에서 이들은 배제됩니다. 그들이 배제되었기에, 그들이 부재하기에, 그들과 화해하지 못했기에 인생이라는 그림의 윤곽선은 일그러집니다.

그 누구도 배제하지 않으려는 의미 있는 노력이 오히려 문제를 악화시킬 때도 있습니다. 이러한 노력을 기울이는 이들은 자신들이 일을 처리하는 방식이 옳고 당연하다고 여기며, 다른 사람에게도 그 방식을 따를 수 있으며 그래야만 한다고 말하기 십상입니다. 이와 관련해 런던 동쪽 끝에서 일어난 이야기들과 이에 대한 고민을 담은 한 책이 출간된 바 있습니다. 이 책은 플레스토 발람가 42번지에 있는, 프란치스코회가 운영하는 비영리 단체와 관련된 다양한 사람의 이야기들, 특히 어떤 체제에서도 영향력을 갖지 못하고 목소리를 내지 못한, 이 사회에 제대로 편입된 적이 없는 이들의 놀라운 이야기들을 수록하고 있습니다. 엄밀한 의미에서 명확한 논점을 가지고 전개되지는 않지만 이야기들은 감동적이고 읽는 이로 하여금 미소짓게 합니다. 이야기에 나오는 인물들이 무언가를 보여주거나 증명하려고 애쓰지 않고 순전히 자기 자신이 되고자 고군분투하고 있기 때문입니다. 하지만 이게 전부는 아닙니다. 책의 마지막 부분에 편집자 데버러 패드필드Deborah Padfield는 '말할 수 없었던 이야기들'unspoken stories이라는 짧은 장을 집어넣었습니다. 여기에는 이 책의 대부분을 차지하는 방식으로는 전달할 수 없는, 혹은 그렇게 전달되기를 바라지 않는 이들의 이야기가 실려 있습니다. 이들 중에는 난민도 있습니다. 이들이 떠나온 곳에서는 사생활과 이를 공유하는 것을 우리와는 다르게 경험하며, 이들이 외국에 나와 체제 비판적인 말을 하면 이들이 모국에 돌아갔을 때 생명과 자유를 박탈당할지도 모릅니다. 데버러는 말합니다.

> 서구 중산층인 나는 이야기를 나누는 것은 언제나 좋으며 서로를 더 많이 알게 될수록 서로를 잘 이해하게 된다고 암묵적으로 생각했다. 하지만 언제나 그런 것은 아님을 알게 되었다. 침묵은 이야기를 나누는 것만큼이나 소중하다. 침묵과 이야기에는 각자의 몫이 있다. 타인

에 대한 앎은 결코 쉽게 얻을 수 없다. … 소통하기 위해서는 듣는 이도 노력해야 한다. '내게는 대수롭지 않은 일을 왜 이 사람은 이토록 심각하게 여길까?'라고 자기 자신에게 물어야 한다. 이 질문을 던지면 평생에 걸친 탐구가 시작된다. 이 질문을 통해 우리는 그를 '보기 흉한 외부인'으로 보게 만드는 벽을 넘어 사적이면서도 복잡하며 그만큼 섬세한 세계로 들어가게 된다.[4]

다시 그녀는 말합니다.

이 이야기는 결코 완결될 수 없는 이야기다. 그러나 적어도 이 이야기는 말로 할 수는 없지만 분명히 존재하는 완전함, 훼손될 때가 많지만 고유함을 잃지는 않는 완전함을 우리에게 떠올려 주는 일종의 신호로 기능한다.[5]

이 책의 모든 이야기는 우리는 할 수 없는 연결을 하느님께서는 만들어내심을, 그리고 우리는 하느님이 그렇게 하실 수 있도록 해야 함을 잘 보여줍니다. 책은 이 다양한 경험을 통해 하나의 주장을 내세우지 않습니다. 누군가를 설득하려 들지도 않습니다. 노숙인에 대해, 가난

---

4 Deborah Padfield (ed.), *Hidden Lives: Stories from the East End by the People of 42 Balaam Street* (London: Eastside Community Heritage, 1999), 143~144.

5 위의 책, 144.

에 대해, 난민 혹은 이민에 대해, 동성애에 대해, 노년이 되는 것에 대해, 그리고 상실에 대해 이야기하지만 이를 가지고 정치 투쟁을 벌여야 한다고 말하지는 않습니다. 어려운 일일 수도 있겠지만, 무엇이 되었든 간에 우리는 무엇을 해야 한다고 생각하기 전에, 무엇을 해야겠다고 결심하기 전에 각 사람이 가진 고유의 이야기에 주의 깊게, 열심히 귀 기울여야 합니다. 여기서 핵심은 귀 기울이는 것, 그리고 그 이야기가 전하는 모든 불완전성입니다. 여기에, 침묵과 틈으로 가득 찬 이야기가 있습니다. 여기에, 어떤 기획도 들어맞지 않는, 어떤 결론도 도출해내지 않는 삶의 경험들이 있습니다. 여기에, 데버러의 말을 다시 빌리면 "우리의 세계, 우리에게" 도전하는 침묵들이 있습니다. 이에 우리는 묻게 됩니다. '나는 누구인가? 나라는 세계는 어떠한 전제들로 이루어져 있기에 내 앞에 있는 이 사람은 내가 자신에게 어떻게 반응할지를 두려워하고 있는가?'[6]

'타자성'을 대하는 법

이러한 이야기들은 누군가를 나 자신의 세계로 편입시키고 나 자신의 언어로 재단하려는 열망에 저항하는 것이 얼마나 어려운지, 그리고 우리의 바람을 충족시키고 우리의 불완전함을 완전하게 하려는 시도를 엎어버린다 하더라도 (이 경우에는 더더욱) 타인의 침묵을 존중하는

[6] 위의 책.

것이 얼마나 중요한지를 보여줍니다. 미국 신학자 스탠리 하우어워스 Stanley Hauerwas는 그의 탁월한 한 저작을 통해 우리가 '장애인'handicapped이라고 부르는, 몸이나 정신이 심각하게 손상된 이들이 교회에서 어떠한 역할을 맡고 있는지를 논의하며 앞에서 언급한 사안을 좀 더 진지하게 다루고 있습니다. 그에 따르면 이른바 '장애인'들을 통해 대다수인 우리에게 던져진 질문은 단지 그들을 '더 잘' 대우하라는 것이 아닙니다.

> 이들이 제기하는 진정한 윤리적인 문제는 이들의 '타자성', '이들'이 '우리'와 다르다는 이유로 차별을 정당화하지 않으면서 어떻게 우리의 한 복판에서 이들을 환대하고 돌보는 공동체를 일굴 수 있느냐는 것이다.[7]

좀 더 나아가, 그는 '장애인'을 통해 던져진 질문은 '우리 삶에서 어린이는 어떠한 자리를 차지해야 하는가?'라는 좀 더 큰 문제와 연결되어 있다고 말합니다.[8] 어린이는 이 사회의 (그리고 교회 공동체의) '구성원'이기도 하면서 한편으로는 '구성원'이 아닙니다. 사회에, 그리고 교회에는 언제나 어린이들이 있지만 그들은 어른처럼 이 사회에(그리고 교회에) 참여하지 않고 그만한 책임을 갖고 있지도 않습니다. 그래서 우리는 어린이를 '미래의 성인'으로 대하며 그러한 이유를 들어 이들의 행

7 Stanley Hauerwas, 'The Moral Challenge of the Handicapped' in *Suffering Presence: Theological Reflections on Medicine, the Mentally Handicapped and the Church* (Edinburgh, T&T. Clark, 1988), 185.

8 위의 책.

동을 용납합니다. 하지만 이렇게 할 때 우리는 은연중 '어린이'란 어딘가 문제가 있다고 가정합니다. 마찬가지로 우리는 사회에서, 교회에서 다양한 장애를 겪고 있는 이들을 어린이 취급하며 그렇게 그들을 암묵적으로 정상 이하로 간주하고 그 상태를 고착화합니다. 그 결과 그들은 더는 성장할 수 없게 되며 기존의 상태에서 벗어날 가능성 또한 사라집니다.

(이 문제를 확실하게 고칠 수 있는 해법이 없음을 알고 있음에도 불구하고) 하우어워스는 어린이를 대하는 태도는 물론, 장애가 있는 이들을 사실상 어린이로 보고 보호하려는 우리의 태도를 비판적으로 생각해 봐야 한다고 이야기합니다. 우리는 장애가 있는 이들을 어린이를 보호하듯 보호해야 한다는, 이들은 평범한 성인으로 성숙할 수 있게 해주는 위험들을 감당하지 못한다는 편견을 가지고 있습니다.

'장애인들'이 자신들을 대하는 태도에 이의를 제기하고 생활 조건을 결정할 수 있는 자유를 달라고 요구할 때 많은 사람이 당혹감을 느끼고 심지어는 분노하며 상처를 입기까지 하는 이유는 바로 이 때문입니다. 최선을 다해 그들을 돌보았다고 여기기 때문이지요. 하지만 정말 그렇습니까?

우리의 세계를 확장하는 법을 익히기

여기서 루가의 복음서(그리고 루가가 그리는 재판 장면)가 던지는 도전이 구체적으로 드러납니다. 그는 묻습니다. 우리가 쓰는 언어를 쓰지 못하는 사람이 우리 눈앞에 있습니다. 그가 우리에게 협조하지 않을 것으로 보인다면 여러분은 어떻게 하겠습니까? 뒤로 물러서겠습니까? 아니면 인내심을 잃고 화를 내겠습니까? 아니면 우리의 불완전함에 대해 무언가 배울 기회로 삼겠습니까?

신학자 프랜시스 영Frances Young은 라르쉬L'Arche 공동체에서 겪은 일에 대한 성찰을 담은 에세이집을 펴낸 적이 있습니다. 이 책에서 그녀는 중증 신체 장애와 정신 장애를 가진 자기 아들과 관련된 일을 언급합니다.

> 내 아들이 학습장애를 갖고 있다고 말하는 건 별 의미가 없다. 나 또한 학습장애를 갖고 있기 때문이다. 저녁에 라르쉬 공동체 휴게실에서 시간을 보내는 동안 나는 무능하기 그지없는 사람이었다. 내 프랑스어 실력이 내 의사를 적절하게 표현할 수 있을 정도로 좋지 않았다. 이런 일은 처음이었다. 하지만 공동체의 다른 휴게실에서는 언어를 쓴다는 것 자체가 부적절할 때도 있었다. 바로 내 아들과 함께할 때였다. 그때 나는 무능하지 않았다. 수년간의 훈련을 통해 아들과 비언어적 의사소통을 해왔기 때문이다. 그는 나를 유능한 존재로 만들어 주었다.[9]

"나 또한 학습장애를" 갖고 있음을 깨닫는 것은 일상에서 내가 일어나

---

[9] Frances Young (ed.), *Encounter with Mystery: Reflections on L'Arche and Living with Disability* (London: Darton, Longman and Todd, 1997), Introduction, xiii.

는 일들에 대처하는 방식으로는 지금 이 경험, 내 눈앞에 있는 사람을 제대로 대할 수 없음을 인정하는 것, 이 낯선 이가 나에게 '낯선' 이일 뿐, 내 세계의 구성원이 되지 못하는 존재, 내 언어를 구사하지 못하는 무능력한 존재가 아님을 인정하는 것을 뜻합니다. 내 세계는 이 낯선 이에게 가르침을 받음으로써, 낯선 이가 진실로 낯선 이임을 인정함으로써 나의 계획과 통제를 벗어나 확장됩니다. '나'를 기준으로 삼아 그 틀에 다른 이들을 가두는 것은 커다란 잘못입니다. 그들이 낯설다는 이유로 그들의 말에 귀 기울이기를 거부하거나 그들에게 배우기를 거부하는 것 또한 마찬가지입니다.

우리 눈앞에 있는 낯선 이들은 낙오자가 아닙니다. 내 언어를 구사하지 못하는 멍청한 사람들이 아닙니다. 배움은 생각할 수조차 없을 정도로 두려움을 불러일으키는, 이질적인 존재들도 아닙니다. 그들은 존재 자체로 우리가 성장해야 함을 알려줍니다. 꼭 그들과 동일해져야 하는 것은 아닙니다. 그러나 적어도 그들을 통하여 우리는 더 넓은 세계, 단지 그들과 우리가 세계를 함께하는 것 이상의 세계로 나아가게 됩니다.

타자를 타자로 바라보는 것, 곧 그들을 나와 동일한 존재로 만들어 나의 기준으로 재단하려는 즉각적인 충동에서 벗어나 그들이 타자임을 알아보는 것은, 내가 능숙하게 다룰 수 있다고 믿는 세계의 불완전성을 깨닫고 내가 능숙하게 다룰 수 없다 할지라도 실제 현실의 좀 더 깊은 측면을 담고 있는 세계로 나아가는 것과 관련이 있습니다. 그리고 이것이 바로 하느님께 더 가까이 다가가는 길입니다.

어린이들을 위한 자리

지금까지 우리는 '장애인'이라고 부르는 이들의 '타자성'에 대해 생각해 보았습니다('장애인'이라는 말은 대다수 사람이 이들에 대해 가장 중요한 사실이라고 생각하는 바를 이들의 핵심 정체성으로 낙인찍는다는 점에서 우리 세계의 한계와 문제점을 잘 보여줍니다).

하우어워스는 장애를 안고 사는 이들에 대한 글을 쓰면서 이들의 타자성을 다루는 방식이 어린이들에게도 고스란히 적용되고 있음을 지적합니다. 그는 그 적나라한 예로 현대 문화가 점점 더 인간이 '유년기'라는 시기를 보내고 있는 것을 견디지 못하고 있음을 예리하게 지적했습니다.

우리는 적절한 시기가 되었다 싶으면, 아니면 가능한 한 빨리 어린이들이 성인과 같은 역할을 하게끔, 성인들이 하는 선택을 하게끔 밀어붙입니다. 아이들을 소비자로 간주하고 쏟아내는 장난감과 놀이 기구 광고들을 생각해보십시오. 이는 아이들에 대한 제도적 폭행이라 해도 과언은 아닙니다. 기업들은 자신들이 내놓는 장난감과 놀이 기구들이 아이들에게 필요하며 실제로 그들이 바라는 것이기도 하다고 포장합니다. 그러나 이러한 광고들은 어린이들을 무언가를 사야만 하는 강박에 빠진 성인 소비자를 닮게 만들 뿐입니다.[10] 현대 문화는 아이들에게 소비자의 습관을 이식하고 소비자가 되기를 기대하게 합니다.

물론 아이들에게 관심을 갖는 문제에 대해 그리스도교인들이라고 해서 특별히, 그리고 월등히 윤리적으로 나은 행동을 하고 있다고는 할 수 없습니다. 많은 교회에서 어린이는 예배를 방해하는 난처하고 귀찮은 존재로 취급됩니다. 그러나 더 심각한 문제가 있습니다. 신학의 자리, 신학이 수행되는 자리에 대해 깊이 있는 탐구를 한 도널드 니콜Donald Nicholl은 자신의 에세이에서 이를 언급했습니다.[11] 그는 질문했습니다.

> 신학적 사유를 하는 자리, 신학 저술이 쓰인 자리에서 있어서는 안 된다고 간주되는 이는 누구인가?

역사에서 사람들은 대표적으로 '여성'을 꼽았고 오늘날에도 그리스도교는 이 같은 배제가 남긴 그늘에서 완전히 벗어나지 못했습니다. 여성처럼 명확하게 드러나지는 않았지만, 마찬가지로 배제의 대상이 되었던 이들이 있습니다. 바로 '어린이'입니다.

예수는 어린이들을 돌보아야 한다고 강한 어조로 말했고 자신을 따

---

10 이 문제에 대한 좀 더 상세한 논의는 Rowan Williams, *Lost Icons: Reflections on Cultural Bereavement* (Edinburgh: T.&T. Clark, 2000), Chapter 1.을 참조하십시오.

11 Donald Nicholl, 'Is there a locus classicus for theology?', in *The Beatitude of Truth: Reflections of a Lifetime* (London: Darton, Longman and Todd, 1997), 52~64.

르는 이들에게 어린이처럼 되어야 한다고도 말한 바 있습니다. 그러니 그리스도교 담론이 어린이를 도외시하는 것은 한편으로는 기이한 일입니다. 니콜은 묻습니다.

> 어린이들에게서 멀어져 자기 자신을 숨긴 채 어떻게 어린이와 같이 되어야 한다는 가르침을 따라 살 수 있겠는가?

이어서 그는 신학이 이루어지는 자리는 "여성과 남성이 함께하고 어린이들을 숨기지 않는" 공동체여야 한다고 역설합니다.[12]

도덕적 근시안

우리가 배제하고 있는 이들을 제대로 찾기 시작하면 목록은 순식간에 불어날 것입니다. 이 목록에는 어린이와 장애인은 물론이고, 인간이 아닌 이 세상의 모든 피조물까지 포함되겠지요. 우리는 우리에게 필요한 것과 우리에게 중요한 것이 이 세계에서 가장 필요하고 중요한 것이라는 전제 아래 인간 아닌 다른 피조물의 존엄성과 타자성을 간과하거나 무시하니 말입니다.

그러나 윤리적 차원에서 인간 아닌 다른 피조물들을 진지하게 고려한다 해도 이는 또 다른 도덕적 근시안의 원인이 될 수 있습니다. 이를

---

[12] 위의 책, 62.

테면 인간 아닌 피조물의 권리를 열정적으로 변호하는 이들, 동물들의 권리를 옹호하는 이들 중 낙태 문제에 권리들이 충돌하는 지점이 있음을 전혀 인정하지 않는 이들도 있다는 사실은 정말이지 기이한 일입니다. 우리가 통념적인 제도와 체계에 편입되지 못한 이들의 말을 들으려 한다면 아직 태어나지 않은 인간 또한 반드시 염두에 두어야 하는데도 불구하고 말이지요.

이러한 원칙은 윤리적인 문제를 두고 일어나는 논쟁에서 기존의 좌-우 대립을 가로질러 혼란스럽게 적용되고 있습니다. 예를 들면 낙태는 주로 '우파'가 관심하는 문제로 보이며, 동성애자의 권리는 '좌파'가 관심하는 문제로 여겨집니다. 그러나 어떤 사람이 자신을 동성애자로 규정하면 다수의 세계에 받아들여지기 매우 어려우며 다시는 돌이킬 수 없는 '타자성'을 지니게 된다는 점에서, 낙태 문제와 동성애 문제는 유사한 점이 있습니다. 그렇다면 여기서도 우리는 하느님께 귀를 기울여야만 합니다.

이러한 맥락에서 엘리자베스 템플턴Elizabeth Templeton은 '지상의 윤리'the ethics of earth와 '천상의 윤리 혹은 비윤리'ethics or non-ethics of heaven를 극명하게 대비시킨 바 있습니다. 질서를 추구하는 것은 인간에게 불가피한 일입니다. 질서는 대다수의 고통과 두려움을 덜어주기 때문입니다. 그러나 우리는 어떠한 질서든 이를 하느님의 법과 동일시해서는 안 됩니다.

> 우리는 감히 이러한 규범들과 하느님을 동일시할 수 없다. 이는 무례한 행동이다. 성적 행태를 근거로 하든 다른 무엇을 근거로 하든 간에 이 세상에서 그런 규범들로 인해 진리를 향한 대화에서 단 한 사람이라도 소외되거나 평가 절하되거나 인간성을 상실하거나 악마처럼 간주되거나 부적합하다는 판정을 받게 된다면 우리는 거짓말을 하고 있는 것이며 하느님을 모독하는 것이라고 나는 믿는다.[13]

여기서 가장 중요한 표현은 "진리를 향한 대화"입니다. 대화를 하면 한 사람이 상대방의 견해를 받아들이는 전환이 일어날 수도 있지만 그렇지 않을 수도 있습니다. 그러나 우리가 상대를 전환시키는 것만을 목표로 대화를 나눈다면 의사소통은 팽팽한 긴장을 이루며 양극으로 치닫기 마련입니다.

앞서 이야기했듯 외부인은 그 자체로 옳고 참되며 우월한 존재가 아닙니다. 그러나 그들이 존재함으로써 우리는 모든 것을 바라보는 나의 생각, 이 세계를 올바르며 감당할 수 있게 받아들이려는 나의 방법이 불완전한 기획임을 깨닫게 됩니다. 그뿐만 아니라 그들을 통하여 우리는 우리의 관점을 슬그머니 하느님의 관점과 동일시하려는 교묘한 유혹에 빠져 하느님마저 배제할 수 있음을 상기하게 됩니다.

우리가 하느님의 지혜를 받아들이기 위해 "희생당한 이의 관점"을

---

13 Elizabeth Templeton, *The Strangeness of God* (London: Arthur James, 1993), 117.

갖추어야 한다면, 이는 우리를 둘러싼 환경을 이해할 때 우리가 속한 제도와 체계에서 배제된 이들의 눈으로 이 세상과 세상에서 일어나는 일들을 볼 수 있을 정도로 자유로워지는 것, 그리고 이를 넘어서 내부자도 외부자도 미처 상상하지 못했던 이해를 향해 함께 성장하는 것을 뜻합니다. 대화는 이러한 여정을 시작할 수 있게 하는 유일한 길입니다. 대화가 언제나 좋은 것이라는 단순한 자유주의적 신념을 갖고 있어서가 아닙니다. 대화를 하면 교섭을 통해 깔끔한 해결책을 얻을 수 있어서도 아닙니다. 대화란 내가 타자로 인해 변화될 수도 있음을 각오하는 것입니다. 대화가 유일한 길인 이유는 대화를 통해 우리가 타자와 동일해지지는 않지만 그 타자와 함께 더 커다란 세계로 들어갈 수 있기 때문입니다.

한계 너머를 보기

루가의 복음서, 특히 루가의 복음서의 초반으로 다시 돌아가 봅시다. 여기서 루가는 헤로데, 아우구스토, 아빌레네의 리사니아가 복음서 이야기에 등장하는 '가난한 이들'(나이든 성직자, 임신한 소녀, 들판에서 노동하는 이들, 성전에 있는 기인들)보다 더 협소한 세계에 머물러 있음을 잘 보여줍니다.

예수가 대사제가 주관하는 법정에서 그들이 이해할 수 있는 언어로는 어떻게 이야기할지 모르겠다고 말한 이유는 예수의 세계가 그들의 세계보다 더 작기 때문이 아닙니다. 오히려 그보다 크기 때문입니다.

이때 그가 느낀 먹먹함helplessness은 부분적으로 체제와 사회에서 배제되는 모든 이가 느끼는 궁핍함을 보여줍니다. 동시에 그 먹먹함은 시인이 자신이 쓴 시를 어떻게 만들어냈는지를 설명해야 할 때 느끼는 궁핍함, 혹은 먹먹함과도 유사한 면이 있습니다. 음악가 다니엘 바렌보임Daniel Barenboim이 초등학교 1학년 음악 실기 시험을 위해 바이올린을 연습하는 어린아이에게 악기를 연주하는 것이 자아의 지평을 넓히는 행위임을 설명하는 것이 과연 가능한 일일까요? 수학자 앤드루 와일스Andrew Wiles가 평범한 사람들에게 어떻게 수학 문제 하나가 사람의 마음을 사로잡아 수십 년 동안이나 기쁨을 주고 열정을 불어넣으며 좌절케 하는지 설명할 수 있을까요?[14] 예수가 맞닥뜨린 상황은 이러한 상황과 크게 다르지 않습니다.

이처럼 예술과 과학의 영역에서 행해지는 고도의 활동들 또한 우리에게 타자성과 한계를 상기시킵니다. 예술 언어와 과학 언어는 모두 이 세계에서 일상적으로 통용되는 언어가 실재, 곧 참된 현실을 드러내기에는 너무나 궁핍함을, 너무나 하찮음을 알려줍니다. 그렇다면 우리는 높은 수준의 예술 작품, 고등 수학 이론을 접했을 때 느끼는 '곤혹스러운 경외감'troubled awe을 일상 세계에서 소외된 이들, 낯선 생각을 만났을 때도 느낄 수 있을까요? 이는 우리가 마주한 중대한 도전입니다. 어린아이가 있습니다. 뇌성 마비에 걸린 사람이 있습니다. 다른 피

---

[14] 이와 관련해서는 Simon Singh, *Fermat's Last Theorem: The Story of a Riddle That Confounded the World's Greatest Minds for 358 Years* (London: Fourth Estatem, 1997), 『페르마의 마지막 정리』(영림카디널)을 보기를 바랍니다.

부색을 가진 사람이 있습니다. 우리와는 너무나 다른 경험을 하며 일생을 살아온 사람이 있습니다. (우리의 시선으로는) 낯설기 그지없는 환경이 있습니다. 이 모든 소외된 이와 낯선 것들은 아이를 대하는 바렌보임이나 평범한 사람을 대하는 와일스처럼 우리에게 말을 걸어올 것입니다. 그리고 우리가 너무나도 당연하고 편안하게만 만들어 온 이 세계의 한계가 무엇인지를 생각할 수 있게 해줄 것입니다. 이는 첫 번째 장에서 다루었던 주제와 연결됩니다. 복음서가 그리는 심판대에 선 그리스도, 예수의 재판 이야기는 초월에 관한 기존의 모든 관념을 뒤엎어 다시 새롭게 빚어냅니다. 루가는 선언합니다. 초월은 실패에 직면한 한 외로운 증인뿐만 아니라 이 세계에서 목소리를 내지 못하는 이들, 무력한 이들에게서 드러난다고 말입니다.

무력감에서 오는 괴로움

이를 조금 달리 말해보겠습니다. 우리 삶에서 가장 커다란 위협이 다가오는 것은 우리가 우리 자신의 궁핍함을, 우리 자신에게 언제나 무언가 필요한 것이 있음을 부정할 때입니다. 그리고 무력한 이들의 존재가 우리에게 괴로움을 가져다주는 중요한 이유는 그들을 통해 그리 달갑지 않은 진실, 우리가 늘 무언가를 필요로 하는 존재임을 상기하게 되기 때문입니다. 그들은 우리가 살고 있다고 생각하는 세계, 우리가 통제할 수 있는 세계에 살고 있지 않습니다. 그들은 우리의 세계가 우리 생각보다 훨씬 더 협소함을 알려줍니다. 이를 깨닫게 될 때 나올 수 있는 가장 극단적인 반응은 폭력입니다. 이럴 때 사람들은 가난한 이들을 제거해 버려야 한다고, 적어도 자신들의 시선에 그들의 존재가 보이지 않게끔 그들을 몰아내야 한다고 생각합니다. 그들의 존재는 그 자체로 '불편'하기 때문입니다. 헤로데, 아우구스토, 리사니아는 창문을 두드리는 소리에 위협을 느낍니다. 경찰은 비폭력 시위를 하고 있는 무리를 향해 물대포를 쏘아댑니다. 중요 인사의 방문을 앞두고 정부 당국은 노숙자들을 거리에서 몰아냅니다.

그렇기에 그리스도교인들은 무력한 사람들을 자신의 시야에서 몰아내는 삶을 살면 안 됩니다. 그들의 존재로부터 우리 자신을 보호하려 해서는 안 됩니다. 이는 매우, 근본적으로 중요한 일입니다. 라르쉬 공동체는 이러한 일의 중요성을 증언하고 있습니다. 라르쉬 공동체를 설립한 장 바니에Jean Vanier는 공동체 지도자 지위를 내려놓은 뒤 정신질환을 앓고 있던 한 젊은이와 함께 지냈습니다. 그 젊은이는 시도 때도 없이 비명을 질렀고 바니에는 괴로움과 분노가 마음속 깊이 쌓여감을 느꼈습니다. 그런 자신을 돌이켜 보며 그는 말했습니다.

> 공동체가 아니라 그와 나 단둘만 있었다면 난 그에게 주먹을 날렸을 것이다. 그런 유혹이 시시때때로 밀려왔고 나는 이런 유혹에 휘말려 든다는 것 자체에 커다란 굴욕감을 느꼈다.

이어서 그는 말합니다.

> 이런 질문이 튀어 올랐다. 혹시 나 자신의 어둠 속에 예수께서 숨어계신 것은 아닐까? 나는 점차 하느님의 빛이 어떻게 어둠 속으로 들어오시는지를 깨닫기 시작했다. 지도층인 척하며 이 어둠을 나 자신에게나 타인들에게 결코 숨기거나 부인해서는 안 된다. … 내 안에 있는 상처를 받아들이지 못한다면 어떻게 안토니오나 피터의 상처를 진심으로 받아들일 수 있겠는가?[15]

이 문제를 좀 더 친숙한 상황을 들어 살펴볼까요. 아이를 키워 보신 분이라면 누구나 아이가 잠을 자지 않으려 버틸 때, 할 수 있는 모든 방법을 동원해보지만 철저하게 실패로 돌아가고 어찌해야 할지 몰라 한없는 무력감을 느낀 적이 있을 겁니다(저 또한 이러한 경험을 한 적이 있습니다). 이러한 경험은 어째서 부모들이 아이를 보살피려 안간힘을 쓰다가도 갑자기 폭력을 휘두르게 되는지를 조금은 이해하게 해줍니다. 아이를 완전히 통제할 확실한 방법은 결코 존재하지 않습니다. 우리는 그럴 수 있는 존재가 아니기 때문입니다. 이러한 상황에 처해있을 때 우리는 이러한 상황을 바꾸기 위해 우리가 할 수 있는 일은 폭력을 행사하는 것뿐이라고 생각하기 쉽습니다.

물론 그렇다고 해서 실제로 폭력을 행사한다면 그것은 모두에게 끔찍한 일일 것입니다. 다행스럽게도 이러한 일은 잘 일어나지 않습니

---

15 Jean Vanier, 'L'Arche - a place of communion and pain', in Young (ed.), *Encounter with Mystery*, 10~11.

다. 대다수 사람의 경우 이러한 상황에 처하면 온갖 종류의 자기점검 기제와 억제력이 작동하기 때문입니다. 어쩌면 우리는 현재 일어나고 있는 일을 충분히 인지하고 있는지도 모르겠습니다. 혹은 우리 자신을 통제할 힘이 있음을 증명하려는 열망을 드러내려는 것일지도 모르겠습니다. 그러나 우리를 둘러싼 세계를 크게 보면 은밀하고도 교묘하게 숨겨진 폭력이 셀 수 없이 많이 자행되고 있음을 분명하게 볼 수 있습니다. 그렇게 하지 않고서는 우리의 무력함을 지독히도 받아들이지 못하기 때문입니다.

예수의 위협

모든 복음서가 전하는 재판 이야기에서, 예수는 자신이 속한 세계와 재판관들이 속한 세계 사이에 심연이 놓여 있다고 선언합니다. 그리고 이에 재판관들은 그를 모욕하고 폭행합니다(앞에서 언급한 이야기를 떠올려 본다면 그리 놀라운 일은 아닙니다). 예수가 두들겨 맞고 채찍질당한 뒤 가시로 된 면류관을 쓰게 되는 것은, 그가 무력하기 때문입니다. 이 장면에서 예수는 무력합니다. 예수가 그를 심판하는 이들, 체포한 이들이 지키고 있는 자리를 차지하려 하지 않기에, 그들과 경쟁하려 하지 않기에 무력한 예수는 그들에게 다른 어떤 경쟁자보다도 위협적인 존재입니다. 예수는 경쟁하지 않음으로써(그러면서도 초월이 진정 무엇인지 거듭 의문을 제기함으로써) 경쟁과 방어 기제로 가득 찬 세계 전체를 의문의 대상으로 만듭니다. 여기서 루가는 재판의 결과 헤로데와 빌라도가 새로운 동맹을 맺게 되었다는 이야기를 추가합니다.[16] 매우 아이러니한 대목입니다. 예수를 심판하는 이들은 서로 반목하는 듯하나 실제로는 닮아있습니다. 이 세계에서 권력을 누리는 자리를 두고 경쟁하는 이들은 모두 '모방의 덫'mimetic trap에 걸려 있습니다. 경쟁을 하며 우리는 적을 닮아갑니다. 그들이 원하는 바를 우리도 원하기 때문입니다. 또한 우리가 원하는 것을 쟁취하고자 할 때 그들이 그것을 갖지 않기를 바라기 때문입니다. 이처럼 인간 사회에서 일어나는 갈등은 거울로 가득 찬 방 안에서 벌이는 싸움과 같습니다.

앞서 우리는 마르코가 그린 재판 장면, 예수가 빚어내는 차이를 살펴봄으로써 우리가 의미 있다고 여기는 거의 모든 언어가 하느님을 포착해 내는 데 실패함을 성찰해 본 바 있습니다. 이 법정에서 우리는 우리가 편안함을 느끼는 방식으로 하느님을 생각하지는 않는지, 우리가 의미 있고 쓸모 있다고 여기는 것들을 공급해주는 이로 하느님을 격하시키고 있지는 않은지 심문을 받게 됩니다. 또한 마태오가 그린 재판 장면은 우리가 생각하는 신실함, 우리가 사용하는 유창한 신앙의 언어들이 하느님의 지혜를 얼마나 가로막는지를 조사하고, 더 나아가 우리에게 우리 자신이 머무르는 제도, 체계를 만들면서 누구를 찌꺼기 취급하는지, 누구를 배제하는지를 묻습니다.

루가는 더 나아가 우리가 찌꺼기 취급하는 이들, 우리가 배제한 이

16 "헤로데와 빌라도가 전에는 서로 반목하고 지냈지만 바로 그 날 다정한 사이가 되었다." (루가 23:12)

들과 함께 살아야 한다고 말할 뿐 아니라 우리가 두려워하고 기피하는 그들의 모습(가난과 소외)이 우리 안에도 있음을 발견하라고 말합니다. 성전의 세리, 바리사이파 사람 시몬의 집에 찾아온 여인, 탕자의 비유에 나오는 큰 아들과 작은 아들, 이들은 각기 다른 방식으로 배제되고 죄책감과 두려움을 갖고 있습니다. 그러나 그들이 보여준 모습은 모두 우리 안에 있습니다.

우리의 나약함과 마주하기

장 바니에의 이야기가 말해주듯 창문을 두드리는 소리는 궁극적으로 외부뿐만 아니라 내부에서도 들려옵니다. 우리 한 사람 한 사람 안에 있는 소외된 요소들은 가난한 이들, 목소리를 내지 못하는 이들, 우리가 통제할 수 없는 이들을 통해 되살아나 우리를 뒤흔듭니다. 우는 아기부터 탁월한 음악가까지, 오늘날 기근과 전쟁으로 고통받는 수많은 이름 없는 사람들까지… 이들은 모두 각기 다른 방식으로 우리를 불편하게 합니다. 그리고 이는 예수가 자신을 따르는 이들에게 어린이처럼 되어야 한다고 한 말의 의미를 생각해 보게 합니다. 그는 이 말씀을 통해 자신을 따르는 이들에게 (그리고 우리에게) 자신의 내면에 자리한, 말할 수 없고 무력한 부분을 찾아내 이와 분명히 마주할 것을 요청합니다. 마찬가지로 루가의 법정에서 우리는 우리 자신에 대한 두려움, 우리 자신의 침묵과 연약함에 대한 두려움을 심문받습니다.

복음서에서 심판관들이 예수에 관한 진실, 혹은 진리를 밝히려 애쓰면 애쓸수록 그 방향은 점점 더 우리를 향해 다가옵니다. 심판대에선 그리스도 앞에서 우리는 그에 관한 진실과 함께 우리 자신을 진실하게 대할 것이냐는 질문을 받습니다. 우리는 이 진실을 마주하고 싶어 하지 않습니다. 진실이 점점 더 분명해질수록 우리는 두려워합니다. 안식할 집이 없음을 알게 되었을 때 느끼게 되는 것과 같은 두려움 말입니다. 우리는 명확하게 경계가 있는 구역, 우리 자신을 방어할 수 있는 구역에 머물고자 합니다. 우리는 우리 자신이 어디에 있는지를 알고자 합니다. 이러한 욕구가 그 자체로 악은 아닙니다. 그러나 예수와 그를 심판하는 이들 사이에 있는 심연을 헤아려 보았을 때 이러한 우리 자신을 그대로 내버려 둔다면 우리는 (복음서의 심판관들처럼) 우리 자신의 힘을 시험해보는 일환으로 우리를 둘러싼 환경을 지배하려 애쓸 것입니다. 그러나 이처럼 우리 자신의 자리, 영토를 방어하기 위해 온갖 대가를 치르며 투쟁하지 않더라도 '안식'할 가능성이 있습니다(그리스도교인은 이를 믿습니다). 그렇다면 진리 안에 늘 머무르는 삶, 우리의 모든 연약함과 궁핍함을 마주하면서도 진실로 안식할 수 있는 삶은 우리에게 어떠한 의미를 가질까요? 이러한 방식으로 환대 속에 경험케 되는 진리란 무엇일까요?

예수여,

당신은 당신의 백성을 환대하심으로써

백성 또한 당신을 환대할 수 있게 하셨습니다.

저 또한 당신처럼 다른 이들을 환대할 수 있게 하시고

당신의 은총으로 그들의 환대를 받아들일 수 있게 하소서.

아버지 집에 온 세계가 받아들여질 수 있도록

해주심에 감사드립니다.

아멘.

루가는 한발 더 나아가 담대히 말합니다. 하느님의 초월은 자신의 목소리를 갖지 못한 이들, 세상에 영향을 미칠 힘을 갖지 못한 이들, 이 세상에서 자신들이 갖고 있던 최소한의 권리마저 모두 박탈당한 이들에게서 드러난다고 말입니다.

대사제 안나스는 예수를 심문하며 그의 제자들과 그의 가르침에 관하여 물었다. 예수께서는 이렇게 대답하셨다. "나는 세상 사람들에게 버젓이 말해 왔다. 나는 언제나 모든 유대인들이 모이는 회당과 성전에서 가르쳤다. 내가 숨어서 말한 것이라고는 하나도 없다. 그런데 왜 나에게 묻느냐? 내가 무슨 말을 했는지 들은 사람들에게 물어보아라. 내가 한 말은 그들이 잘 알고 있다." 예수께서 이렇게 말씀하셨을 때 곁에 서 있던 경비병 한 사람이 "대사제님께 그게 무슨 대답이냐?" 하며 예수의 뺨을 때렸다. 예수께서는 그 사람에게 "내가 한 말에 잘못이 있다면 어디 대보아라. 그러나 잘못이 없다면 어찌하여 나를 때리느냐?" 하셨다. 안나스는 예수를 묶은 채 대사제 가야파에게 보냈다. ... 사람들이 예수를 가야파의 집에서 총독 관저로 끌고 갔다. ... 빌라도가 밖으로 나와 그들에게 "너희는 이 사람을 무슨 죄로 고발하느냐?" 하고 물었다. 그들은 빌라도에게 "이 사람이 죄인이 아니라면 우리가 왜 여기까지 끌고 왔겠습니까?" 하고 대답하였다. 그러자 빌라도는 "너희가 데리고 가서 너희의 법대로 처리하여라" 하고 말하였다. 유대인들은 "우리에게는 사람을 사형에 처할 권한이 없습니다" 하고 대답하였다. ...
빌라도는 다시 관저 안으로 들어가서 예수를 불러놓고 "네가 유대인의 왕인가?" 하고 물었다. 예수께서는 "그것은 네 말이냐? 아니면 나에 관해서 다른 사람이 들려준 말을 듣고 하는 말이냐?" 하고 반문하셨다. 빌라도는 "내가 유대인인 줄로 아느냐? 너를 내게 넘겨준 자들은 너희 동족과 대사제들인데 도대체 너는 무슨 일을 했느냐?" 하고 물었다. 예수께서는 이렇게 대답하셨다. "내 왕국은 이 세상 것이 아니다. 만일 내 왕국이 이 세상 것이라면 내 부하들이 싸워서 나를 유대인들의 손에 넘어가지 않게 했을 것이다. 내 왕국은 결코 이 세상 것이 아니다." "아무튼 네가 왕이냐?" 하고 빌라도가 묻자 예수께서는 "내가 왕이라고 네가 말했다. 나는 오직 진리를 증언하려고 났으며 그 때문에 세상에 왔다. 진리 편에 선 사람은 내 말을 귀담아듣는다" 하고 대답하셨다. 빌라도는 예수께 "진리가 무엇인가?" 하고 물었다. (요한 18:19~38)

04

요한 - 결단을 촉구하는 빛

정체성의 도전

요한의 복음서는 내용 전체가 일종의 시험 이야기라고 할 수 있습니다. 복음서 전반에 걸쳐 적대자들은 예수에게 심문하듯 끊임없이 질문을 던집니다. 그리고 그때마다 그는 그러한 질문들을 불러일으키는 의혹과 불신을 폭로합니다. 그렇게, 예수는 질문을 던지는 이들이 보이는, 자기를 기준으로 타자를 재단하려는 성향, 자신들의 기준과 생각만으로도 충분하다고 여기는 경향을 거스르는 지점에 서서, 그들이 선 자리가 어디인지, 그들이 진정 누구인지를 새로이 규정합니다.

요한의 복음서는 복음서의 저자가 속한 공동체와, 그들의 모체였던 회당을 중심으로 한 유대 공동체가 극심한 반목을 일으키고 있던 때

쓰였습니다. 그렇기에 예수가 유대인들의 반대편에 서서 그들을 다시 규정한다는 요한의 해석은 오늘날 이 복음서를 읽는 이들의 마음을 불편하게 합니다. 실제로 역사에서 이 복음서는 그리스도교인이 가져야 할 정체성을 오염시키고 망가뜨린 반유대교, 반유대인 감정을 촉발했습니다.

복음서를 읽어보면 요한은 예수가 유대인과는 전혀 다름을 입증하기 위해, 유대인과 유대교를 '진리, 혹은 실재를 거스르는 사람, 혹은 종교'로 정의하기 위해 애를 쓰는 것처럼 보이기도 합니다. 그렇게 본다면 이는 유대인을 "모든 사람의 원수"(1데살 2:15)라고 말함으로써 노골적으로 유대인과 유대교에 대한 반감을 표현한 바울의 편지와 크게 다르지 않습니다.

오늘날 이를 어떻게 보아야 하느냐는 문제는 매우 어려운 문제입니다. 그러나 마태오의 복음서에서 발견되는 유사한 문제를 대할 때도 그랬듯 우리는 이를 혐오하며 외면할 것이 아니라 요한이 복음서를 통해 펼쳐낸 풍경 전반에 새겨진 더 깊은 흐름에 합류해야 합니다. 그렇지 않으면 우리는 이 복음서의 핵심을 놓치게 됩니다. 마태오와 마찬가지로 요한의 핵심 의도는 '믿는 이'로서 우리 자신의 정체성, 이에 대해 우리가 암묵적으로 갖고 있는 전제에 의문을 던지는 것에 있습니다. 요한의 복음서에서 반복해서 나타나는 주제는 자신이 진실로 하느님을 믿고 있다고, 혹은 진실로 하느님을 알고 있다고 생각하는 이들이 실제로는 그리스도에게서 나오는 빛을 견디지 못한다는 것, 그리고 이들이 스스로를 아브라함의 자식, 약속의 자식, 선택받은 백성으로 규정하지만 정작 아브라함처럼 하느님을 신뢰하지도 않으며 그처럼 살지도 못한다는 것입니다. 이처럼 요한의 복음서는 근본적으로 '내부자'에게 도전합니다. 루가의 복음서가 그랬듯 말이지요. 요한은 새로운 가르침이나 새로운 정보를 제시하는 게 아니라 '예수가 누구라고 생각하느냐?'고 물음으로써 '내부자'들에게 도전합니다. 다른 신약성서 저자들과 마찬가지로 그는 예수의 정체성을 아브라함과 다윗의 자손으로 한정하는 것이 그 이야기를 관통하는 내용을 끊임없이 잘못 이해하거나 거부하게 만드는 비극적인 경계선이 될 수 있음을 분명히 말합니다.

권위에 대한 질문

이러한 측면에서 요한이 대사제가 주관하는 예수의 재판 장면(적어도 심문 장면)을 기술하는 데 비교적 적은 분량을 할애한다는 점은 흥미롭습니다. 잠깐 등장하는, 대사제 가문의 우두머리이자 가야파의 장인이었던 안나스가 예수를 심문하는 장면은 이제 더는 이야기의 관심사가 예수의 가르침이 아님을 보여주려고 배치한 장치로 보일 정도입니다. 안나스는 예수를 심문하며 제자들과 그의 가르침에 관해 묻지만 예수는 그 질문을 무시합니다. 그는 지금쯤이면 안나스가 그것을 알고 있어야 한다고 답할 뿐입니다.

> 예수께서는 이렇게 대답하셨다. "나는 세상 사람들에게 버젓이 말해 왔다. 나는 언제나 모든 유대인들이 모이는 회당과 성전에서 가르쳤다. 내가 숨어서 말한 것이라고는 하나도 없다. 그런데 왜 나에게 묻느냐? 내가 무슨 말을 했는지 들은 사람들에게 물어보아라. 내가 한 말은 그들이 잘 알고 있다." (요한 18:20~21)

독자인 우리도 이제는 그것이 무엇인지 알고 있습니다. 대사제의 심문은 예수가 한 일들을 중립적인 시각으로 기록하기 위해서 행하는 조사가 아닙니다. 대사제의 경비병에게 뺨을 맞은 뒤 예수가 한 답변은 그에 대한 적대감의 원인이 단지 그가 한 말뿐이 아님을 보여줍니다.

장면이 바뀌고, 결정적인 질문을 던지는 것은 빌라도의 몫이 됩니다. 요한이 그리는 빌라도의 재판 장면에서 등장하는 '유대인들'은 다른 복음서가 그리듯 폭도나 일반 대중이 아니라 사제 계급을 대표하는 이들입니다. 그러므로 우리는 요한이 유대 민족 전체를 악마화하는 데 혈안이 되어 있다고 성급하게 가정해서는 안 됩니다. 이와 마찬가지로 우리는 요한이 유대인들은 적대감을 가지고 묘사한 반면 빌라도에 대해서는 호의적인 묘사를 했다는 통념에 대해서도 재고해 봐야 합니다. 오히려 요한의 복음서에서 빌라도는 나약하고 변덕스러운 인물로 묘사되고 있습니다. 그는 끝내 제국의 인정을 받고 위태로운 자기 자리를 지키려고 소신을 저버리는 행동을 하지 않았습니까? 성서 및 여러 문헌에서 나오는 빌라도에 대해 탁월한 연구를 한 앤 로Ann Wroe는 요한의 복음서에 나오는 빌라도의 인상적인 발언("당신들이 이 사람을 데려다가 십자가에 못 박으시오"(요한 19:6))에 담긴 의미에 대해 다음과 같이 썼습니다.

> 그의 발언은 이렇게 해석할 수 있다. "그를 죽이라는 그대들의 말은 어처구니가 없구려. 내가 보기에 그는 아무런 죄가 없소. 그러나 죽이고 싶다면 죽이시오. 부도덕한 자들, 불법을 저지르는 자들은 그대들이지 내가 아니니 말이오. 난 그저 로마를 대표하는 재판관이니 당신네 사정을 어떻게 알겠소?"
> 혹은 이런 해석도 가능하다. "그를 십자가에 못 박고 싶다면 못 박으시오. 유대인은 누구도 십자가에 못 박을 수 없지만 말이오. 그토록 그를 죽이고 싶다면 죽이시오. 다만 나에게 그 일을 떠넘기지 마시오. 오늘 일어난 다른 모든 일처럼 그것은 잘못되고 어리석은 일이오." 이런 식의 모욕은 아무런 효과가 없었다. 빌라도의 분노와 경솔함은 지도자들의 들끓는 적의에 묻혀버렸다.[1]

"진리가 무엇인가?"(요한 18:38) 질문한 사람의 언어로 답변할 수 없는 질문을 던지는 역할을 맡은 이는 가야파가 아닌 빌라도입니다. 이 질문은 명백히 '권위'의 문제를 묻는 심문 중에 등장합니다. 그는 묻습니

---

1 Anne Wroe, *Pilate: The Biography of an Invented Man* (London: Jonathan Cape, 1999), 252.

다. 예수는 왕인가? 왕이라면, 어떤 이들의 왕인가? 어떤 민족의 왕도 아니고 특정 정치 체제의 왕도 아닌데도 불구하고 그가 왕이라면, 어떻게 그가 지닌 권위를 상상할 수 있는가? 이러한 조건들 밖에 있는 권위란 과연 무엇인가?

빌라도는 예수에게 당신이 왕이냐고 묻고 이에 예수는 자신의 왕권, 곧 왕으로서의 권위가 이 세상에 속하지 않았다고 말합니다. 옛 영어 번역본에는 이를 "여기서 비롯된 것이 아니라"고 표현합니다. 달리 말하면 "이 세상 질서에서 나온 것이 아니다" 혹은 "이 세상에 있는 종류의 것이 아니다", 곧 사람들이 차지하기 위해 싸우는 어떤 영역의 것이 아님을 밝히고 있는 셈입니다. 세상 질서에서 유래한 것이 아니라는 해석과 이 세상에 있는 부류의 것이 아니라는 해석, 두 해석 모두 중요합니다. 예수가 말하는 왕국, 그리고 그가 이 왕국의 왕이라는 사실은 정통성과는 아무런 상관이 없습니다. 그의 왕권은 승계받는 것도 아니며, 따라서 외부로부터 그가 적법한 왕이라는 승인을 받을 필요도 없습니다. 그가 행하는 왕권은 폭력으로는 수호될 수 없는(수호되어서도 안 되는) 종류의 권력입니다.

빌라도는 곤혹스러워하며 다시 묻습니다.

> "아무튼 네가 왕이냐?"(요한 18:37)

이 질문에 예수는 마태오의 복음서와 루가의 복음서에서 대사제에게 했던 답변과 같은 답변을 합니다.

"네가 (그렇게) 말했다."συ ειπας(수 에이파스)

로마 제국의 지배 아래서, 곧 폭력으로만 권력을 수호할 수 있다고 믿는 세상 속에서 '왕권'이라는 말은 제한된 의미를 가질 수밖에 없습니다. 불가피하게 이 말을 쓰더라도 그 말에 담긴 내용은 완전히 바뀌었음을 기억해야 합니다. 예수가 말한 왕권은 진리가 몸을 입은 사건, 그 사건으로의 부름을 염두에 두지 않고는 이해할 수 없습니다. 이러한 왕권이 행사하는 통치란, 사람들이 몸을 입은 진리에 이끌려 시선을 두고 귀 기울이게 하는 것입니다. 여기에서 아무런 의미도 찾을 수 없다면('진리? 진리가 뭔데?') 더 할 말은 없습니다.

자유로서의 진리

여기서 권위는 특정한 형태의 자유로 정의됩니다. 이에 우리는 질문을 던집니다. 진리를 향해, 또 궁극적으로 모든 것을 향해 열려 있는 삶이 어떻게 가능한지, 그리고 어떻게 그러한 삶이 다른 삶보다 그토록 강력한 권위를 갖고 있는지 말이지요. 또한 우리는 우리를 그토록 옭아매는 것은 무엇인지, 거짓에 머무르게 하는 것은 무엇인지도 묻게 됩니다. 요한의 복음서 초반부에서 예수는 약속합니다.

너희가 나의 말을 집으로 삼는다면 너희는 참된 나의 제자가 될 것이다. 너희는 진리를 배우게 될 것이며 그 진리는 너희를 자유롭게 할 것이다. (요한 8:31~32)

예수의 말과 행동에 귀 기울이는 것이 우리의 일상이 된다면, 그렇게 그의 말과 행동에 머무르게 되면 우리는 진리를 향해 깊게 빠져드는 자유를 발견하게 될 것입니다. 이는 예수의 말과 행동이 아닌 다른 것을 우리 "집으로 삼는다면" 죄와 폭력의 가능성이 열림을 암시하고 있기도 합니다(이후 요한의 복음서에서는 자신들이 아브라함의 자손임을 강조하는 유대 청중과의 논쟁을 그립니다). 인종 혹은 권력으로 유지되는 지위, 그 지위에서 비롯되는 자기 확신을 우리가 머무는 집으로 삼는다면 우리는 스스로에게 갇혀 진리를 향하지 못하게 됩니다. 그리고 이내 사람들을 폭력으로 몰아가려는 유혹에 사로잡히고 맙니다.

앞서 살핀 마르코의 중심 주제가 여기서도 울려 퍼지고 있습니다. 즉 이 세상의 차원에서 우리를 안전에 집착하게 만드는 것, 우리로 하여금 안정을 추구하게 만드는 것은 초월적인 하느님의 적입니다. 그러나 마르코와 달리 요한은 우리를 자유롭게 하는 진리가 무엇인지, 이 진리에 사로잡힌다는 것, 진리에 우리 자신을 노출한다는 것이 어떠한 의미를 갖는지를 좀 더 분명하게 이야기합니다. 그렇게, 요한은 이 책의 3장 마지막에서 제기된 질문, 환대를 받으며 경험케 되는 진리란 무엇인지, 우리 자신의 자리와 영토를 방어하기 위해 온갖 대가를 치르며 투쟁하는 삶에서 자유롭게 하는 진리가 무엇인지에 대해 답을 제시합니다.

진리라는 주제는 요한의 복음서 14장부터 17장까지 이어지는 '고별 담화'farewell discourses에서도 수차례 등장합니다. 여기서 묘사하는 진리, 예수 자신이 진리임을 말하는 대목에서 울림을 감지한 이라면 빌라도와 예수의 대화가 어떻게 펼쳐질지 대비해 두었을 것입니다.

고별 담화에서 진리는 협조자(보혜사)Advocate 성령(요한 15:26, 16:13)과 깊은 연관을 맺고 있습니다. 예수는 아버지께서 성령을 보내 진리를 온전케 하는 여정 중에 언제나 믿는 이들의 편에 서서 그들과 동행하고 그들을 보호할 것이라고 말합니다. 그리고 이 동행과 보호는 "온전한 진리"(요한 16:13)를 향해 나아가는 여정입니다. 진리 안에서 살아가는 삶이란 '거룩해지는 삶'consecration을 뜻하며 이는 앞에서와 마찬가지로 예수가 전하는 말씀을 받아들이고 이를 우리 안에 깃들게 하는 것과 관련이 있습니다. 이어지는 요한의 복음서 17장은 고별 담화의 절정입니다. 여기서 예수는 자신의 친구들에게 그가 있을 곳에 그들도 있게 될 것이며, 자신이 진실로 누구인지를 깨닫고 아버지의 무한한 사랑을 받게 될 것이라고 약속합니다.

진리 안에서 살아가는 삶이란 예수가 사는 곳에 함께 머무는 삶을 뜻합니다. 고별 담화에는 머지않아 예수가 받게 될 고난의 그림자가 짙게 드리워 있습니다. 그러므로 예수가 있는 곳에 머무르려 한다면 예수의 무력함과 죽음까지도 함께해야 합니다. 예수가 경멸받을 때 그의 친구들, 그를 따르는 이들 역시 경멸받을 것입니다.

예수가 "진리로 거룩하게" 해달라고 기도할 때 독자는 즉각적으로 예수가 거룩하게 되는 과정에 동참하라는 초대를 받게 됩니다. 그 과정이란 곧 예수가 감내해야 할 죽음, 십자가에 이르는 길입니다. 십자가 사건에서 진리와 죽음은 소스라칠 정도로 가까워지며 한 지점으로 모입니다. 진리와 함께하는 삶은 이 세계에서 신앙을 포기하지 않을 때 마주하게 되는 진짜 위협, 구체적인 위험을 온전히 받아들이는 삶을 뜻합니다. 진리 안에 머무는 삶은 위험을 감내하며 죽음을 받아들입니다. 달리 말하면 진리 안에 머무는 삶은 이러한 죽음에서 도망치기를 포기하는 것, 신앙이 전혀 우리를 위험으로 내몰지 않는다고 착각하게 만드는 모든 것을 내려놓는 것을 뜻한다고도 볼 수 있습니다. 여기서 위험은 문자 그대로 박해받을 위험, 죽음을 맞이할 수 있는 위험뿐만 아니라 안전과 안정을 추구하느라 그리스도의 이름으로 예배하면서도 하느님을 길들이는 삶의 방식을 모두 포기할 위험까지를 포함합니다.

물론 이 그늘 너머에는 빛이 있습니다. 예수는 약속합니다. 예수가 아버지를 보듯 예수와 함께 머무는 이들 또한 아버지를 보게 될 것이며, 예수와 아버지가 누리는 관계를 그들도 함께 누리게 될 것이라고 말입니다. 여기서 '봄'seeing은 아버지께서 예수에게 주신 영광을 봄을 뜻합니다(요한 17:24). 그리고 이는 어떤 면에서는 아버지께서 예수에게 주신 선물을 나누어 받게 됨을 의미합니다. 예수를 따르는 이들은 이 선물을 세상에 드러내고 나누는 일을 위임받은 이들입니다.

폭력을 상상할 수 없는 이유

이제 다시 요한의 복음서 18장, 빌라도와 예수가 함께 있는 장면을 살펴봅시다. 이제 많은 부분이 좀 더 선명해집니다. 예수는 빌라도에게 자신의 왕권이 이 세상에서 생각하는 그런 왕권이라면 자신을 따르는 이들이 자신이 잡히는 것을 막기 위해 싸웠을 것이라고 말합니다. 그러나 예수의 권위는 그러한 부류의 권위가 아니기에 이를 지키려고 폭력을 사용하는 것은 아무런 쓸모도 없고 상상할 수도 없는 일입니다. 예수를 따르던 이들이 예수가 배신당하고 죽음에 이르는 것을 막기 위해 싸웠다면 그 싸움은 실질적으로 적대자들에게 맞선 싸움이 아니라 예수에 맞선 싸움이 되었을 것입니다. 예수는 진리를 온전히 체현하기 위해 자신을 바쳤습니다. 이 과정에서 그는 자신을 방어하거나 정당화하거나 자신의 안정을 확보하기 위한 어떠한 행동도 취하지 않을 것입니다. 그렇기에 폭력으로 예수를 에워싸는 것은 그를 예수 아닌 이로 만들려는 노력에 지나지 않습니다.

다시 한번, 프레스콧의 『당나귀를 탄 사람』을 살펴보겠습니다. 이야기가 결말로 치달을 때 즈음 반군의 저항은 실패로 돌아갔고 그들은 이제 쓰라린 마음으로 처형을 기다립니다. 하녀 맬리는 런던탑의 그림자가 드리운 템스강 가에 앉아 “어둠과 그 어둠 가까이에서 하느님께서 활동하시는 모습”을 봅니다.

맬리는 말했다. "인간이라면 칼과 활을 써서, 아니면 돈을 써서 그를 구하려 할 것입니다. 천사들이라면 하늘에서 정의의 심판이 떨어져 불길을 낳아 하느님을 경외한 이들을 죽음으로 내몬 사람들의 영혼이 벌거벗겨질 때까지 타오르기를 염원하겠지요. 그들이 자신들의 창조자가 누구인지 알게 하기 위해서 말이에요. 그러나 하느님은 그렇게 하지 않으실 거예요. … 저기 그분이 계세요. 순전한 공의를 담고 있는 청명한 유리병을 손에 들고 계시네요. 삶을 통해, 이제는 죽음을 통해 공의를 옮기고 계세요. 조금도 쏟지 않으시고요."

그러다 그녀는 울부짖었다. "아! 그들을, 그들을 막아야 해요! 그들이 칼을 휘둘러서 유리병이 깨지게 해서는 안 돼요! 공의의 물이 쏟아지면 안됩니다. 우리에겐 그 물이 필요해요!"

맬리는 와트를 쳐다보았다. 그는 몸을 웅크렸다. 그녀는 말했다. "칼로는 공의를 구할 수 없어요. 메마른 땅에 물을 엎지르게 할 뿐이에요. 그분은 그걸 알고 계세요."[2]

한편 런던탑에서는 마지못해 반란에 동참했다가 사형 선고를 받은 늙은 군인 달시 경 토머스가 자신의 고해 신부에게 분노를 표출합니다. 그는 반란이 실패한 원인이 사람들이 배신을 저지르고 무능했기 때문이기도 하지만 무엇보다 성직자들이 사람들을 모아 반란에 참여케 하

2 H.F.M. Prescott, *The Man on a Donkey*, 740.

는 데 실패했기 때문이라고 말합니다. 그런 뒤 토머스는 신부에게 왜 반란의 명분을 스스로 저버린 성직자들이 아닌 다른 사람들이 죽어야 하냐고 묻습니다. 이에 나이든 신부는 그에게 반란은 하느님의 방식이 아니라고 말합니다. 반란 외에 다른 방법이 있다면 무엇이 있을까요? 하느님의 방식이란 이 세상의 시선으로는 지극히 어리석어 보이는 길 밖에는 없습니다.

> 달시 경은 아무런 말도 하지 않고 오랫동안 가만히 있었다. 그러고 나서는 마침내 고개를 들었다. 나이든 신부는 그의 얼굴에 슬며시 미소가 퍼지는 것을 보았다. 가망 없는 마지막 싸움을 앞둔 사람들이 으레 그러하듯 그는 담담한 말투로 말했다. "뭐, 저는 하느님의 방식을 받아들일 만큼 거룩한 정신을 갖고 있지는 않습니다. 하지만…" 그는 신부의 눈을 보며 말했다. "죽는 것을 원망하지는 않겠습니다. 그분이라면 제가 한 일을 예배로 받아 주실지도 모르니 말입니다."[3]

토머스는 스스로 인정하듯 모든 것을 순순히 받아들이는 순교자가 되지는 못합니다. 우리 대부분처럼 그는 실패의 대가를 자신이 치러야 한다는 것에 분노하고 괴로워합니다. 그럼에도 그는 죽음을 피할 수 없음을 수긍하고 이를 어쩔 수 없는 숙명이 아닌, 이루어내야 할 행동

[3] 위의 책, 741~742.

으로 받아들입니다. 이는 분명 일종의 '예배'라 할 수 있습니다. 모든 대가를 치러서라도 승리를 쟁취하겠다며 저지르는 폭력이 진리가 담긴 유리병을 깨뜨릴 수 있음을 깨달아야 이러한 행동이 가능하기 때문입니다. 이 세상의 셈법을 좇아 그리스도를 보호하기 위해 달려들면 이내 승자와 패자를 가르고야 마는 계략에 빠집니다. 그리고 그 순간 부서지는 것들이 생깁니다.

정당방위?

『신국론』De civitate Dei 끝부분에서 아우구스티누스는 선불교 선사들이 했을 법한 역설적인 이야기를 합니다. 우리가 싸울 만한 가치가 있는 것은 절대적인 것이 아니라고 말이지요. 우리가 싸우고자 하는 것을 절대시하는 순간 그것은 상대적인 것이 되고 만다고 그는 말합니다.[4] 이 말에는 인간 사회에서 갈등이 불가피한 것이라는 인식이 담겨 있습니다. 인생을 살아가면서 이런저런 입장을 방어하기 위해, 혹은 유지하기 위해 일정한 전략을 세우고 그 전략에 따라 기술과 역량을 쏟는 것이 잘못된 일은 아닙니다. 상대적으로 악을 덜 양산하는 곳을 찾아내는 것, 이러한 행동들을 정당화할 수 있는 근거를 찾아내는 일 또한 잘못된 일이라 할 수는 없습니다. 이와 관련해 아우구스티누스는

4 St Augustine, *The City of God*, Book XXII, 이 책 6장에서 아우구스티누스는 동맹을 저버리고 나라를 지키는 것이 정당하냐는 문제를 논의합니다. 그는 이러한 선택이 이 세계에 최고의 선을 계속 지키기 위한 것일 때만 정당화될 수 있다고 결론짓습니다. 『신국론』(분도 출판사)

전쟁을 정당화하는 것에 대하여 널리 알려진 가르침을 남긴 바 있습니다. 그는 전쟁이란 (협소하게 정의된) 특정 상황에서는 정당화할 수 있는 일인지 모르나, 하느님의 거룩한 뜻에 비추어 봤을 때 합당한 일일 수 없다고 말했습니다. 이처럼 우리 자신이 지키려 하는 것, 고수하려 하는 것을 하느님의 뜻과 동일시할수록, 우리의 명분과 하느님 사이에는 커다란 간극이 생깁니다. 우리의 열망과 두려움을 하느님의 진리를 증언하는 말과 뒤섞어 버렸기 때문이지요.

(1장에서 살펴본 것처럼) 입 밖으로 나오는 순간 진리가 아니게 되는 진리가 있듯이, 방어하려 하는 순간 혹은 특정한 방식으로 지키려 하는 순간 진리가 아니게 되는 진리가 있다고 아우구스티누스는 지적합니다. 전쟁을 치러야 할지 말아야 할지가 주된 관심이 아닌 우리의 경우에는 이러한 통찰을 일상적인 일과 관계에서 시시각각 일어나는 갈등에 적용해 보아야 합니다. 누군가가 당신을 비판할 때 당신은 그가 일부러 당신에게 해를 입히거나 당신을 가로막으려 하는 것이라고 손쉽게 전제하지는 않습니까? 내가 비난을 받으면, 나를 비난하는 사람이 의도적으로 빛을 거슬러 죄를 저지르고 있다고 가정하지는 않습니까? 당신이 건넨 제안이 거부되거나 보류된다면 당신은 이를 관철시키기 위해 얼마나 노력을 기울일 것입니까? 그 제안은 무슨 일이 있어도 관철되어야만 하는 것입니까? 그러한 제안을 할 때 당신 자신은 물론 다른 이들이 어떤 일을, 얼마나 감당해야 할지, 그리고 이에는 어떠한 손해와 고통이 뒤따를지 충분히 염두에 두고 있습니까? 어떠한 논

쟁과 갈등이 있든 간에 진리는 궁극적으로 스스로 드러날 것이며 이는 우리가 벌이는 논쟁의 저편에 있음을 당신은 진실로 믿습니까?

피할 수 없는 좌절

진리는 궁극적으로 스스로 드러날 것이며 우리가 벌이는 논쟁의 저편에 있다는 말이 우리의 게으름과 자기방어를 위한 무관심을 정당화하는 재료가 되어서는 안 됩니다. 이 말은 우리가 모든 합당한 노력을 기울이고 난 뒤에, (국제 문제에 관한 것이든, 인간관계에 관한 것이든, 교회 정치에 관한 것이든) 우리가 이야기하는 것과 관심하는 것에 대한 태도를 완전히 바꾸는 것 외에 택할 수 있는 길이 없을 때, 어디서 우리 자신을 발견해야 하는지 묻습니다. 아프리카에서 선교 활동을 하고 있는 한 미국인 선교사가 마리아에 관한 책에서 쓴 표현을 빌리자면 우리는 누구를 위해 애통해하는지, 무엇 때문에 가슴 아파하는지를 물어야 합니다.[5] 어느 지점에 이르면 우리는 좌절감을 느끼지 않으려 한 나머지 가장 간절히 열망하는 것조차 포기하곤 합니다. 이렇게 되면 우리의 감정(이는 슬픔일 수도 있고 분노일 수도 있으며 또 다른 감정일 수도 있습니다)은 우리가 갈망하는 대상을 향하여 가는 것이 아니라, 우리 자신이 거절당했다는 느낌, 혹은 실패했다는 느낌을 피하게 하는 데 소모되고 맙니다. 이때 감정은 우리가 열망을 현실로 이루기를 기꺼이 포기했음

5 Peter Daino, *Mary, Mother of Sorrows, Mother of Defiance* (Maryknoll, NY:Orbis Books, 1993), 29,42를 보십시오.

을 보여주는 표식에 불과할 것입니다.

진리를 열망한다고 해서 좌절을 모면할 수 있는 것은 아닙니다. 이는 엄연한 사실입니다. 오히려 진리를 추구하는 가운데 우리는 스스로 만족감을 만들어낼 수 있다는 생각에서 완전히 벗어나야 하기에 쓰라린 마음으로 우리 한계를 절감하기 마련입니다. 이 과정은 고통스럽고 좌절감을 안깁니다. 진리를 열망하고 이를 언어로 제대로 표현하려고 애쓰는 가운데 생기는 어려움과 좌절이라는 현상은, 이 짧은 지면에서 온전히 다루기에는 너무나 거대하고 심대한 주제입니다. 하지만 우선 우리는 이를 통해 언어가 자기완결적인 체계가 아님을, 또한 언어가 그것이 마주한 현실, 그리고 그 너머에 있는 현실과 어떠한 관계를 맺고 있는지 묻지 않을 수 없음을 알 수 있습니다. 언어와 현실이 실제로 어떠한 관계를 맺고 있는지 정확하게 파악할 수 있는 길은 없습니다. 언어는 우리를 이루는 피부와 같기에, 우리가 우리 자신의 피부를 벗길 수 없듯 언어에서 벗어날 수는 없기 때문입니다. 하지만 우리는 언어 자체가 마냥 가볍거나 현실을 지어내거나 날조하기만 하지는 않음을, 또한 이 세상에서 문득 마주하게 되는 것들에 대한 우리의 반응을 가장 분명하게(적어도 터무니없지는 않게) 표현하려는 시도가 매우 고된 활동임을 깨달아야 합니다.

집에 머무는 법을 익히기

지금까지 이 책에서 '진리 안에서 살아가는 것'에 관해 다룬 이야기들은 대부분 이를 이루는 가운데 치러야 할 대가와 맞닥뜨리게 되는 갈등에 관한 것이었습니다. 예수가 드러나는 곳, 그와 함께하는 곳은 위험합니다. 이곳이 우리에게 안정과 안전을 가져다준다고 어디에서도 보장하지 못합니다. 누구도 그와 함께하는 것이 올바른 일이라고 입증할 수 없습니다. 예수가 드러나는 곳에 우리가 머무는 것이 우리의 자유와 관련이 있음을 깨닫는 것은 그리 어려운 일은 아닙니다. 그러나 앞서 말했듯 이러한 것이 '환대'와 어떠한 관련을 맺고 있는지 깨닫는 것은 어려운 일입니다. 요한은 우리에게 자유를, 예수가 있는 곳에 함께할 때 뒤따르는 위험을, 진리가 우리에게 요구하는 엄격함(쉼과 만족을 거부하는 것)을 이야기합니다. 바로 이것이 요한의 복음서 이야기 전반에 흐르고 있는 강조점입니다.

예수가 왕이 되어 통치하는 왕국이 그를 적대하는 세력들로부터 지켜야 할 곳이 아니라면, 폭력을 사용할 경우 오히려 그 토대가 철저하게 손상되는 곳이라면, 이 세상에서 일정 공간을 차지하기 위해 경쟁을 벌여야 하는 곳은 아닐 것입니다. 그러므로 예수와 함께 선 이들, 그와 동행하는 이들 역시 (1장에서 살펴보았듯) 근본적으로 이 세상의 여러 체제에 맞서는 이들이 아닙니다. 그들은 그저 예수가 있는 곳에 있고 그가 가는 곳을 함께 갈 뿐입니다. 그러한 점에서 예수의 왕국, 그리고 예수와 함께하는 이들은 다른 경쟁자들보다는 체제들 자체에 더 위협적입니다. 그것이 이전에는 너무나 분명하게 보였던 소유와 권력의 정의에 대해 근본적인 물음을 던지기 때문입니다. 예수에게 '속한다는 것'은 어떠한 의미에서든 인간인 우리가 경쟁에 휘말려 강박적으로 싸우는 것이 아닙니다. 이 세상을 수놓은 크고 작은 영역들(사고, 느낌, 희망 등을 포함해)에서 특정 '영역'을 차지하는 것도 아닙니다.

예수가 서 있는 곳에 서는 신앙인은 이 세상의 특정 영역에 있을 때만 그곳이 자기 집이라고 여기는, 그곳에서만 편안함을 느끼는 이가 아닙니다. 그리스도인은 모든 곳을 자기 집처럼 여기는 사람, 동시에 어느 곳도 자기 집으로 여기지 않는 사람입니다. 그런데 진리 안에서 살아가려 애쓰다 보면 어려움과 좌절을 감내하는 것이 삶을 끝없는 불안으로 몰고 간다고 느낄 때가 있습니다. 지금 이 순간과 이 시대에 만족하지 못하게 될 때가 있습니다. 이때야말로 우리 생각을 교정해야 할 결정적인 지점입니다. 우리가 지금 있는 곳, 지금 이 순간은 우리에게 궁극적인 만족을 줄 수 없으며, 이러한 면에서 우리는 집에 머물러 있지 않습니다. 단순히 편안하다는 이유로 지금 이곳, 이 순간을 붙들려 해서는 안 되며, 지금 이곳, 이 순간에 제기되는 문제들에 응답하기를 꺼려서도 안 됩니다. 편안하다는 이유로 지금 이곳에 안주해서는 안 됩니다. 우리는 언제나 지금 여기를 향해, 지금 여기에 있는 우리 자신에 대해 질문을 던져야 합니다.

그러나 동시에, 우리의 주님은 우리에게 바로 지금 여기에 헌신할 것을 요구하십니다. 우리가 지금 여기를 향해 던지는 질문이 지금 이 순간을 부정하거나 도피하는 수단이 되어서는 안 되기 때문입니다. 지금 우리를 둘러싼 순간, 지금 우리가 있는 장소, 지금 우리가 살아가고 있는 이 몸, 지금 우리의 머리에 담겨 있는 기억들, 지금 우리를 둘러싼 상황의 참된 모습을 알기 위해서는 지금 여기를 현실로, 하느님께서 매 순간, 새롭게 당신의 활동을 이어가시는 곳으로 받아들여야 합니다. 우리는 이렇게 집에 머무는 법을 익혀야만 합니다.

현재를 정직하게 살아가기

이러한 성찰은 여러 차원에 적용해 볼 수 있습니다. 이를테면 치유 사목이 지닌 역설들에 대해 생각해 볼까요. 우리는 기도를 하며 현재 상황이 바뀌기를 바랍니다. 기도를 통해 우리는 지금 겪고 있는 아픔 혹은 망가진 현실이 하느님의 목적에 부합하지 않는다고 확신합니다. 그러나 하느님이 우리를 치유해주신다는 신앙이 '지금의 나는 내가 아니야. 이건 진짜 현실이 아니야'라는 생각을 부추긴다면 이는 매우 위험한 일이며 상황은 더 악화될 것입니다. 치유 사목을 하고 있는 이라면 이를 명심해야 합니다. 하나의 전체 체계로서 한 사람의 내적 형상이 회복하기 위해서는 자신이 부상, 장애, 혹은 정신적인 상처라는 구체적인 현실을 겪고 있음을 인지하고 받아들여야 합니다. 치유는 바로 여기서 시작되며 이러한 인지와 받아들임 없이 참된 치유는 일어나지 않습니다(이에 뒤따르는 변화는 상대적으로 훨씬 덜 중요합니다). 현재를 부정하는 영성, 혹은 고통받는 몸에 작용하는 의지와 상상력의 변혁하는 힘을 지나치게 강조하는 영성은 분노와 죄책감을 낳기 쉽습니다.

개혁과 변화를 도모하는 모든 일에도 이러한 성찰을 적용해볼 수 있습니다. 우리는 교회가 보다 참된 교회가 되기를 바랍니다. 그리고 이를 위해서는 전쟁, 성, 재산 등 여러 까다로운 문제들에 대해 교회가 속히 태도를 바꾸어야 한다고 생각합니다. 이때 우리는 우리의 모든 의식적인 견해들, 교회에 제기하는 질문들과 현 교회의 견해에 대한 우리의 비판이 모두 하느님의 뜻과 부합한다고 여깁니다. 그러나 (이를 위해서라도) 우리는 지금 있는 그대로의 교회 현실에 몸을 담고 사는 법을 익혀야 합니다. 우리는 지금 해야만 하며 지금 할 수 있는 단조로운 일들을 하는 법을 익혀야 합니다. 우리는 지금 이 순간 우리 자신과 비슷한 견해를 가진 이들뿐만 아니라 우리 말을 듣지 않는 이들과도 관계를 맺으며 함께하는 법을 익혀야 합니다. 하느님께서는 우리에게 이상적인 미래가 아닌 현재를 살라고, 지금 이 순간을 정직하게 존중하며 살라고, 즉 지금 여기를 집으로 여기며 살라고 요구하십니다.

전쟁과 같은 커다란 사회 문제가 아니라 나 자신에게 이 성찰을 적용해본다면 어떨까요? 결국 우리 대부분에게 가장 중요한 문제, 우리 대부분의 핵심적인 관심사는 바로 우리 자신입니다. 우리는 변화를 원하고 성장을 갈망합니다. 우리는 현재의 방식에 만족하고 더는 변화가 일어나기를 바라지 않는 이들에게 의심의 눈길을 보냅니다. 이는 그 자체로는 정당합니다. 그러나 우리가 자신을 극복한다는 이유로 지금 우리의 모습, 지금의 우리를 빚어낸 것들을 밀어내고 괴롭히거나, 우리에게 부족한 것이 무엇인지 알았다고 해서 자기 비하에 빠지거나, 지금 우리 자신을 사랑하지 못하고 기쁨과 평화를 미래로 미루어버린다면 참된 변화로 나아가는 길은 가로막히게 됩니다.

우리는 끊임없이 우리가 지금 서 있는 곳이 아닌 다른 곳에서 출발하려 애씁니다. 진리에 머무는 삶은 현실에 안주하지 않되 끈기 있게 지금 이 순간을 내 집으로 여기는 데서 시작합니다. 우리는 우리가 지금 이 순간 어떠한 모습을 하고 있는지 정직하게 바라보아야 합니다. 이는 하느님께서 지금 이 순간 있는 그대로의 우리를 충분히 사랑하시고 가치 있게 여기시며 이를 당신께서 활동하시는 재료로 삼으심을 받아들이는 것이기도 합니다. 지금 이 순간 존재하는 사랑과 가치를 거절한다면 우리가 갈망하는 변혁은 일어나지 않습니다.

긴 우회로를 거쳐 우리는 이제 다시 마르코의 이야기가 우리를 인도했던 지점에 돌아오게 됩니다. 바로 관조의 중요성 말이지요. 관조란 지금 우리가 있는 곳을 정직하게 마주하면서 동시에 그곳에 헌신하며, 우리의 뜻 혹은 우리 자신이 만족스러워하는 상에 부합하는 미래의 환영이라는 유혹을 거부함을 뜻합니다. 요한의 복음서가 말하는 진리 안에 머무는 삶도 이와 같습니다. 진리 안에 머무는 삶이란 지금 여기에 있는 것들, 곧 우리의 몸, 우리가 앉아 있는 의자, 우리가 서 있는 장소, 지금 우리에게 들리는 목소리, 지금 우리가 바라보는 얼굴, 이로 인해 발생하는 불만족스러운 면들까지 모두 주의 깊게 관심을 기울이는 것을 뜻합니다. 이것이 예수가 다스리는 왕국에서 사는 삶입니다. 이 왕국에는 방어해야 할 국경이 존재하지 않습니다. 하느님께서 우리에게 주신 세계는 우리가 몸담고 있는 바로 지금 이 순간입니다. 그 세계는 완벽하지 않습니다. 그 세계는 우리가 상상한 것이 온전히 이루어진 곳도 아닙니다. 그러나 분열과 어려움으로 가득한 이 세계가 우리가 실제로 살고 있는 세계입니다. 진리 안에 사는 은총을 통해서만 우리는 하느님께서 우리와 이 세계를 받아들이시며 긍정하시듯 (조금이나마) 이 세계를 진실하게 긍정할 수 있습니다.

세계를 이해하기

앞서 이야기한 것은 요한의 복음서가 "세상", 이 세계에 대해 복잡한 방식으로 이야기한 이유를 짐작하게 해줍니다. 요한에 따르면 이 세계는 진리를 낯설어하는 곳입니다. 또한 세계는 예수와 그의 친구들을 혐오하는 곳이기도 합니다. 그리고 예수가 세계를 위해 기도하기를 거절할 정도로 세계는 폭력과 거짓의 원천이 되는 곳입니다. 그러나 동시에 세계는 하느님께서 창조하신 곳, 하느님이 사랑하시는 곳이기도 합니다. 예수가 구원을 이루고 생명을 가져오는 곳 또한 이 세계입니다. 이 모든 것이 뜻하는 바를 상세하게 파악하기란 쉽지 않지만 요한이 그리는 세계는 대략 이러합니다. 이 세계는 그 자체로, 그리고 가치의 원천으로서 언제나 다양한 종류의 비진리와 얽여 있습니다. 이 세계는 그 자체로 자신을 창조자와 대척점에 있는 무언가(무언가로부터 자신을 방어하고 무언가를 위해 경쟁하는 체계, 제도, 질서)로 정의합니다. 하느님의 타자성이 세계의 온전함과 안전에 위협이 된다는 신화가 이 세계 전역에 펼쳐져 있다는 사실은 이 세계의 비진리성을 적나라하게 드러냅니다.

이 세계가 하느님의 타자성을 두려워하는 것은 이 세계가 그것이 무엇이든 자기 외에 다른 가치의 원천에 대해 말하기를 두려워하고 혐오한다는 것을 뜻합니다. 세계가 예수와 예수의 공동체를 혐오하는 이유는 예수와 그를 따르는 공동체가 자신이 두려워하는 것을 두려워하지 않으며 자신을 보호하기 위해 쓰는 방어 수단을 쓰지 않기 때문입니다. 예수를 따르는 공동체는 예수 안에서 살아갑니다. 예수 안에서 살아갈 때 하느님의 타자성은 아들에게 모든 것을 주려는 아버지의 사랑스러운 시선과 분리되지 않습니다. 삼위일체 하느님의 생명 안에서 살아가는 공동체는 하느님이 신비이시기에, 하느님이 우리와 다르기에 그분 자신을 영원히 조건 없이 내어주신다는 사실을 압니다. 예수는 이 지상에서 자기 존재의 원천인 영원한 선물을 몸으로 살아냄으로써, 끊임없이 자기를 내어줌으로써 피조물이 이 원천을 믿으며 살 수 있게 합니다. 하느님은 이 세계를 사랑하십니다. 사랑, 자기를 내어주는 것, 자기를 나누는 것이 그분의 속성이기 때문입니다. 그러나 세계는 이를 받아들이지 않고 인정하지 않은 채 경계를 긋고 폐쇄적인 체제를 구축합니다. 이 체제는 하느님은 물론 경쟁이라는 규칙에 따라 행동하지 않는 이라면 누구든 적대합니다. 그럼에도 불구하고 하느님께서는 예수의 친구들을 이 세계 밖으로 데려가지 않으십니다(요한 17:15 참조). 예수의 친구들, 예수를 따르는 이들은 자신들을 적대시하고 경쟁을 강요하는 체제 안에서 일상을 영위해야 합니다. 그들은 폭력과 경쟁으로 일그러진 세계 한복판에서 이 세계의 참된 모습을 알고 있습니다. 하느님께서 이 세계를 바라보시듯 그들은 이 세계를 폭력과 경쟁으로 일그러진 무언가를 넘어선 사랑의 대상으로 바라봅니다. 그들이 어떠한 방어 수단도 지니지 않은 왕국, 이 세계에서 나지 않은 왕국에 머물러 있기 때문입니다.

그리스도인이 이 세상에 속하지 않았다고 했을 때 이는 이 세계가 스스로 만드는, 왜곡되고 파괴적인 주장을 거부함으로써 세계를 진실로 긍정하는 것이라 할 수 있습니다. 그리스도교 신앙은 우리를 둘러싼 체제들이 우리가 받아들일 수 있는 유일한 대안이라는 주장을 거부합니다. 물론 우리 자신이 이미 이 체제들에 얽매여 살아가고 있기 때문에 이를 넘어선 대안들이 언제나 분명하게 보이지는 않습니다. 그렇기에 우리는 이 세계와 타협하고 이를 참회하며 살아가고, 또 살아가게 될 것입니다. 그러나 적어도 우리는 이 세계를 관리하는 이들이 제시하는 선택지에 안주하지 않을 것이며 이를 실현 가능한 유일한 선택지로 받아들이지도 않을 것입니다. 그리스도인으로서 우리는 인류가 다른 방식으로 행동할 수 있다는 믿음을 굳건히 유지합니다. 우리 자신이 복음을 이야기함으로써, 그리고 복음이 다른 이들의 삶에 미친 영향을 기억함으로써 우리는 이 믿음을 더 생생하게 유지하고 구체적으로 살아냅니다. 우리는 우리가 어디에 서 있는지를 인식하고 우리의 현 상태를 정직하게 받아들입니다. 또한 우리는 이 세계의 관습과 이치에서 한 발짝 떨어져 나올 때 오히려 이 세계와 지금 이 순간, 우리를 둘러싼 상황을 분명하고 진실하게 볼 수 있음을 압니다. 그리스도인이 가야 할 길은 이 세계에서 일어나는 끊임없는 갈등들, 이 세계가 저지르는 끊임없는 잘못들 가운데에서도 이 세계가 관습적으로 하듯 상황을 윤색하지 않고 정직하게 그리고 새롭게 상황을 보는 것입니다. 이를 위해 우리의 시선을 사로잡으려 하는 이념들이나 생각들에 눈을 돌려서는 안 됩니다. 우리는 살과 피로 이뤄진 지금 이 순간을 바라보기 위해 온 힘을 기울여야 합니다.

참된 현실에 우리 자신을 조율하기

이 세계에서 가장 어려운 일은 지금 여기, 우리가 있는 곳에 온전히 있는 것입니다. 우리는 과거보다 더 나은 통신 매체에 둘러싸여 있지만 역설적으로 이는 지금 여기를 직시하지 못하게 합니다. 한편 우리는 어떤 문제와 직면했을 때 이로 인한 고통을 덜기 위해 온갖 노력을 기울입니다. 때로는 이를 이론으로 만들고 때로는 정당화하며 심지어는 신학적인 설명을 끌어다 쓰기도 합니다. 우리는 우리에게 다가오는 사건들이 너무 날 것 그대로 다가오지 않도록, 그렇게 느껴지지 않게끔 사건들을 묘사하고 또다시 묘사합니다. 우리는 심기를 불편하게 하는 것은 머리에 그 어떠한 흔적도 남기지 못하게 수 없이 쏟아지는 심상들에 정신을 팝니다.

방글라데시의 홍수나 어린이가 살해당한 소식을 전하며 뉴스가 시작됩니다. 그러나 이내 빠른 속도로 뉴스는 장면을 바꿉니다. "다음 뉴스입니다." 이제 뉴스는 정치인들의 태만함과 한 연예인이 시상식에서 상을 받은 것에 대해 갑론을박을 벌입니다. 이렇게 쏟아지는 소식들, 지나쳐가는 정보들을 보며 우리는 안정감을 느낍니다. 뉴스가 끝나면 우리의 욕구를 충족시켜주는 또 다른 프로그램이 방송됩니다.

오늘날 우리를 둘러싼 세계는 이렇게 영위됩니다. 우리는 이 세계가 지금 이 순간 정확히 어떻게 돌아가고 있는지 알지 못하며 결국 지금 이 순간 일어나는 일들에 대해 아무런 걱정도 하지 않는 상태에 이르게 됩니다. 현재 일어나고 있는 일들, 시시각각 발생하는 정보들에 관해 알면 알수록 현실에 대해 더 잘 알게 되고, 그리하여 현재와의 차이를 만들어낼 수 있게 되리라고 스스로 둘러대기란 너무나 쉽습니다. 그러나 실제로는 그렇지 않습니다. 지금 여기, 우리가 있는 곳에 온전히 있으려 한다면 커다란 노력을 기울여 멈추어 설 수 있어야 합니다. 우리를 둘러싼 환경을 세상의 이치에 맞게 하려는 체계, 제도, 자극들을 차단해야 합니다. 이 지점에서 우리는 3장 마지막 부분부터 생각해 본 "환대를 받으며 경험케 되는 진리"를 만나게 됩니다. 관습적으로 이해하는 틀을 내려놓고 지금 이 순간에 닻을 내리면 이곳은 하느님을 만나는 지점이 됩니다. 바로 이때 우리는 영역과 방어 기제들을 넘어선 곳(혹은 장소가 아닌 어딘가)으로 들어가며 진리의 환대를 받습니다. 물론 이 길에 들어서는 일, 이 길에 들어서기 위해 기존의 틀을 내려놓는 일에는 두려움이 뒤따릅니다. 그리고 커다란 대가를 치러야 합니다. 그러나 이 길이야말로 조건 없는 기쁨을 누릴 수 있는 유일한 길입니다. 이 기쁨은 단순한 행복이 아니라 참된 현실, 실재에 정확히 조율됨으로써 나오는 기쁨을 말합니다. 요한의 복음서에서 예수는 마지막 (그리고 예견된) 고초를 앞둔 전날 밤 자신이 누리는 기쁨을 제자들도 누리고 그 기쁨이 온전해지게 해달라고 기도합니다. 예수가 누리는 기쁨은 아버지께서 언제나 자신을 바라보고 있음을 깨닫고 매순간 그분의 완전한 사랑을 받는 데서 일어나는 기쁨입니다. 그는 존재의 원천이 자신에게 사랑을 보낼 때 이를 가로막지 않습니다. 그렇기에 그는 하느님께서 지닌 생명을 어떠한 방해도 받지 않고 온전히 누리며 이를 비축하지 않고 아낌없이 나누어 줍니다.

> 아버지께서 가지고 계신 것은 모두 다 나의 것이다. (요한 16:15)

그러므로 예수가 전하는 말, 그가 하는 행동, 그가 겪은 수난에 귀 기울이고 이를 마음에 새기는 것은 생명을 주시는 하느님을 마음에 새기는 것이라 할 수 있습니다. 하느님은 생명을 주는 분이십니다. 영원의 차원에서, 그분은 성자, 성령과 사랑을 주고받기 위해 당신의 생명 안에 방을 만들어 두셨습니다. 이 사랑의 주고받음을 통해 성취된 온전한 기쁨 아래 그분은 창조를 위한 방을 만들어 두십니다.

세계 전체를 보기

예수라는 진리 안에 머무는 것, 그가 다스리는 왕국에 속하는 것은 이 세계 전체를 바라보는 길, 하느님의 눈으로 이 세계를 보는 길에 섬을 뜻합니다. 이 일은 결코 끝나지 않는 일이지만, 이를 통해 우리는 우리가 매일 하는 일을 판단할 수 있고 매일 해야 할 일을 빚어낼 수 있습니다. 또한 이를 통해 우리는 환상 속에 살지 않게 해주는 온전한 비전을 엿볼 수 있게 됩니다. 성 베네딕도St Benedict는 생애 마지막에 이르렀을 때 "이 세계가 한 점으로 모이고 있는 것처럼 보인다"고 말했습니다. 노리치의 줄리언Julian of Norwich이 그리스도께서 개암나무 열매처럼 작은 열매인 이 세계 전체를 당신의 손에 쥐고 계셨음을 본 이야기는 널리 알려져 있습니다. 토머스 커닐리Thomas Keneally의 1960년대 호주 가톨릭 신자의 삶을 풍자한 소설 『변호자를 위한 만세 삼창』Three Cheers for the Paraclete에서 회의주의자 사제 메이틀랜드는 이단 혐의를 받고 있는 한 젊은 수녀를 조사합니다. 그가 보기에 수녀는 보수와 진보를 막론하고 그녀를 조사하는 그 누구보다 하느님에 대해 많은 것을 알고 있는 것 같았습니다. 메이틀랜드 신부는 그녀를 바라보며, 어떻게 보면 간절함을 담아, 그녀에게 단순한 (그렇지만 어떠한 답을 하느냐에 따라 불경죄가 될 수 있는) 질문을 던집니다.

> 메이틀랜드 신부는 문 앞에서 그녀를 불렀다. "마틴 수녀, 달리 격식을 갖출 시간이 없으니 단도직입적으로 묻자면… " 기세 좋게 수녀를 부르기는 했지만 신부는 이내 이성을 잃고 목소리는 작아졌다. 그는 꾸물거리며 물었다. "당신은 하느님을 보았습니까?" … 이에 그녀는 미소

를 지으며 대답했다. "신부님, 제가 그렇다고 말한다면 신부님은 제가 거짓말쟁이라고 할 것이고 저는 이를 반박하기 어려워지겠지요. … 제가 어떤 말을 하기를 바라시나요? … 제가 어느 날 마을 가게에서 점원을 보듯이 하느님을 보느냐고 물으신 건가요? 약속을 해서 만나는 것처럼요?"

… 코스텔로는 자백할 것을 권했다. 수녀는 마음을 결정한 것 같았다. 그녀는 그에게 말했다. "하느님을 아는지 모르는지는 그 결과들을 통해 알 수 있습니다. 그분을 알게 되면 이전과 같은 것은 아무것도 없기 때문이지요. 만물이 특별하고 … 빛을 발합니다. 여러분도 볼 수 있습니다. 만물 안에서 빛을 발하고 계시는 그분을 말이지요." 그녀는 순간 어깨를 으쓱거렸다. "이런… 또 말을 해버리고 말았네요." 그녀는 매우 슬퍼 보였다.[6]

그리스도 안에서 진리를 받아들인다는 것은 이 세계에서 수녀가 말한 것과 같은 방식으로 자신이 집에 있음을 발견하는 것을 뜻합니다. 우리는 이를 통해 "만물 안에서 빛을 발하고 계시는 그분"을 보며 이 세계를 하느님께서 자신을 내어주시는 선물로 받아들입니다. 하느님의 존재가 내어주는 환대는 예수, 그가 기도하는 하느님, 그가 보내주겠다고 약속한 성령이 빚어내는 복잡한 상호관계로 드러나며 이를 통해

6 Thomas Keneally, *Three Cheers for the Paraclete* (London: Penguin, 1968), 158~159

우리는 환대받을 뿐 아니라 누군가를 환대할 수 있는 자유를 누리게 됩니다.

이제 이 세계에서 우리가 머무는 공간은 우리가 싸워서 쟁취해야 할 영역이 아니라 세계와 타자를 초대하는 집이 됩니다. 물론 이는 우리와 타인들 모두에게 두려움을 일으킬 수 있습니다. 우리는 하느님께서 사랑을 담아 주시는 선물을 온전히 받아들이지 못하고 움츠러들기 십상입니다. 이 선물을 받아들인다는 것은 하느님의 환대를 우리 또한 드러내야 하며 이에 따르는 대가 또한 짊어져야 한다는 것을 뜻하기 때문입니다. 심판대에 선 예수, 십자가에 못 박힌 예수를 보며 우리는 치러야 할 대가가 무엇인지 알 수 있습니다.

그리스도와 함께 심판대에 서기

네 편의 복음서가 그리는 재판 이야기는 모두 우리에게 한 가지 혐의를 제기합니다. 우리는 그리스도께서 계신 곳이 아닌 다른 곳을 선택한다고 말이지요. 각 복음서는 고유의 방식으로 우리가 심판하는 곳에서 내려와 그리스도와 함께 심판받는 곳에 서라고 이야기합니다. 마르코는 우리 한 사람 한 사람이 '아무런 쓸모도 없는' 증인으로 홀로 서야 한다고 말합니다. 마태오는 놀라우신 하느님으로부터 우리 자신을 소외시키는 전문 지식, 종교성에서 벗어나야 한다고 말합니다. 루가는 우리에게 암묵적으로 만들어 놓은 문밖에 있는 이들의 소리를 들으라고, 그리고 그들과 함께해야 한다고 말합니다. 마지막으로 요한은 우리에게 우리가 속할 '왕국'을 결정해야 할 뿐 아니라 어떤 '세계'에서 살지(자신을 선물로 주시는 창조주의 시선으로 바라보는 세계에서 살지, 창조주의 대척점으로 자신을 정의하는 세계, 그렇기 때문에 매 순간 거부와 경쟁을 부추기는 세계에서 살지)를 결정해야 한다고 말합니다.

각 복음서가 예수의 재판 장면을 통해 우리에게 던지는 도전의 핵심, 그리고 그 근거는 예수에 관한 일련의 사실들이 아니라 예수의 정체성에 관한 진실입니다. 예수는 "내가 바로 그다"라고 말할 자격을 가진 이입니다. 그는 하느님의 지혜를 몸으로 실현한 이입니다. 그는 우리에게 친숙한 세계와 대립하는 윤리적 세계의 중심을 이루는 이입니다. 그는 진리가 머무르는 공간입니다. 예수에 대한 신앙은 그에 관한 사실들을 명확히 밝힘으로써 이루어지는 게 아닙니다. 안나스가 예수를 심문하는 장면을 요한이 얼마나 간단히 처리하는지를 기억하십시오. 예수를 두고 일어난 사실들에 대한 관심은 언제나 그가 누구인가라는 물음, 그의 정체성을 어떻게 보아야 하느냐는 물음과 관련을 맺고 있어야 합니다.

우리가 예수에 대해 아무리 많이 안다 할지라도 그가 누구인지에 대한 판결은 우리가 기꺼이 자리를 박차고 일어나 그 앞에 서려 할 때, 그와 함께 심판대에 서고자 할 때 이루어질 수 있습니다. 예수가 선 심판대에 서지 않는다면, 그리하여 그를 통해 우리가 누구인지를 발견하지 못한다면 우리는 그가 누구인지 제대로 말할 수 없습니다.

우리가 마주한 결단

이 탐구의 초점은 실제 역사를 살았던 예수와 신앙으로 고백하는 그리스도 사이의 복잡한 질문들을 파헤치는 데 있지 않습니다. 이는 예수 생애에 관한 세부적인 사실들이 신앙과 관련이 없다는 이야기가 아닙니다. 우리가 던져야 할 물음은 복음서 저자들이 왜 예수가 재판받는 장면을 그토록 강조했느냐는 것입니다. 심판대에 선 예수의 모습을 보며 우리는 어떻게 응답해야 할지를 결정해야 합니다.

이를 결정하지 않는다면, 이를 결정하지 않은 채 건너뛴다면 우리는 그리스도에 대한 믿음을 단순히 그의 가르침에 대한 순종이나 그가 이룬 기적들에 기초한 확신으로 오해할 수 있습니다. 그러나 신앙이란 이 중 어느 쪽도 아닙니다. 신앙은 삶의 중심을 우리 자신에게서 예수에게로 옮기기를 요구합니다. 복음서의 재판 이야기는 우리가 이를 이룰 수 있도록 돕습니다.

우리는 이를 위해 어떠한 대가를 치러야 하는지 살펴보았습니다. 예수가 선 자리가 우리가 알고 있는, 우리가 편안함을 느끼는 이 세계의 특정 지점에 있다면 예수와 함께하는 일은 무리 없이 다른 모든 공간, 모든 체제와 엮일 수 있을 것입니다. 그러나 이제껏 살펴보았듯 예수가 선 자리는 그러한 방식으로 정의될 수 없습니다. 그곳은 이 세계의 특정한 곳에 있지 않습니다. 그곳은 모든 곳에 있으며 동시에 어느 곳에도 있지 않습니다. 또한 어디에도 갇히지 않고 무엇과도 경쟁하지 않습니다. 그렇기에 예수, 그리고 예수가 선 그 자리는 이 세계에서 일어나는 모든 갈등과 경쟁을 위협합니다.

다음 장에서는 예수를 따르는 공동체의 역사를 살펴보려 합니다. 이를 통해 우리는 예수를 따르는 것에 대한 대가를 사람들이 어떻게 이해하고 경험했는지를 발견하게 될 것입니다.

예수여,

우리 자신에 관한 진실을 이야기할 수 있게 하소서.

당신을 만나는 것을 두려워하지 않게 하시고

당신의 눈으로 우리 자신을 들여다볼 수 있게 하소서.

이 세계가 하는 어떤 말, 이 세계가 하는 어떤 일보다

당신 안에서 볼 수 있는 진리와 사랑에 집중하도록

우리를 도우소서.

아멘.

그리스도인이 이 세상에 속하지 않았다고 했을 때 이는 이 세계가 스스로 만드는, 왜곡되고 파괴적인 주장을 거부함으로써 세계를 진실로 긍정하는 것이라 할 수 있습니다. 그리스도교 신앙은 우리를 둘러싼 체제들이 우리가 받아들일 수 있는 유일한 대안이라는 주장을 거부합니다. 물론 우리 자신이 이미 이 체제들에 얽매여 살아가고 있기 때문에 이를 넘어선 대안들이 언제나 분명하게 보이지는 않습니다. 그렇기에 우리는 이 세계와 타협하고 이를 참회하며 살아가고, 또 살아가게 될 것입니다. 그러나 적어도 우리는 이 세계를 관리하는 이들이 제시하는 선택지에 안주하지 않을 것이며 이를 실현 가능한 유일한 선택지로 받아들이지도 않을 것입니다. 그리스도인으로서 우리는 인류가 다른 방식으로 행동할 수 있다는 믿음을 굳건히 유지합니다. 우리 자신이 복음을 이야기함으로써, 그리고 복음이 다른 이들의 삶에 미친 영향을 기억함으로써 우리는 이 믿음을 더 생생하게 유지하고 구체적으로 살아냅니다.

만물에 깃든 신비를 뒤집어쓰는 거야 .

마치 하느님의 밀정인 것처럼. -『리어왕』中

05

하느님의 밀정 - 심판대에 선 그리스도교인

순교자들의 이야기

그리스도교 신앙은 두 가지 새로운 형태의 문학 양식을 이 세계에 선사했습니다. 하나는 복음서, 또 다른 하나는 그리스도교 순교자들의 이야기를 담담하게 기록한 '고난 이야기'passion story입니다. 기원후 2세기 내내 지중해 주변에 있던 교회들은 구성원들이 받은 재판, 처형 사실을 담은 기록들을 주고받았으며, 정리해 가다듬었습니다. 그중 순교자 이야기는 교회들이 관계를 유지하며 소통을 나누는 데 중요한 도구로 기능했습니다. 교회들은 경쟁이라도 하듯 온전한 증언들을 남기려 애썼으며 순교자들의 행적을 서로 나누고자 했습니다. 그렇게 당시 그리스도교 공동체는 다른 그리스도교 공동체에 구성원들이 어떠한 박해를 받았는지, 어떻게 죽음을 맞이했는지 이야기함으로써 교회에서 이루어지는 삶에 나타나는 하느님의 신실함, 그리고 두려움과 증오에 맞서 승리를 이끄시는 그분의 능력이 실재함을 증언하려 했습니다.

그리스도를 좇아 인내하고 죽음을 견뎌낸 순교자들의 이야기는 예수의 죽음이 인간 세계에 일으킨 진정한 변화가 무엇인지를 보여주었습니다. 그리스도교 공동체들은 이러한 이야기들을 주고받으며 제국 안에서 신앙의 일치를 다져나갔습니다. 한 공동체에서 겪는 고통이 다른 공동체에서 겪는 고통과 공명을 일으켰습니다. 사람들은 다른 상황에 처해 있다 하더라도 같은 신앙을 갖고 있으면 같은 결과를 낳으리라고 예측할 수 있었습니다. 같은 고통을 겪음으로써 초기 그리스도교 공동체들은 자신들의 신앙이 같음을 확인했습니다.

신약성서(특히 히브리인들에게 보낸 편지와 베드로의 첫째 편지)에서도 우리는 이러한 흔적을 발견할 수 있습니다. 그러나 순교자에 관한 기록이 교회의 일치를 강화하는 도구, 신학적 성찰의 도구로 온전히 활용된 것은 2세기부터입니다.

그들의 땅에 서서

고난 이야기 가운데서도 가장 강렬한 인상을 남기는 것은 재판이 벌어지고 처형이 일어나기까지의 과정을 건조하게, 세세히 기록한 이야기들입니다. 기원후 180년 카르타고에서 총독 사투르니누스Saturninus는 12명의 북아프리카 그리스도교인들을 심문했습니다. 이름을 미루어 짐작해보았을 때 그들은 현지 출신의 노예였던 것으로 보입니다. 이들이 심문받는 과정을 남긴 기록은 건조한 사실들로 채워져 있습니다. 극적인 장면도 없고 기적도 언급되지 않으며 심지어는 그들이 어떻게 죽음을 맞이했는지도 구체적인 기록이 없습니다. 기록은 그저 그리스도교인들로 이루어진 작은 집단을 대표하는 이인 스페라투스Speratus가 총독과 나눈 이야기를 담담하게 옮겨 놓았습니다.[1]

총독은 문명인이었으며 인간미가 있었습니다. 그는 피고인들이 마음을 바꾸어 시민으로서 제국의 종교에 순응한다면, 황제의 신적인 권능에 복종할 것을 맹세한다면 죄를 면해준다 해도 별다른 문제가 없으리라고 생각했습니다. 그는 스페라투스에게 친절한 말투로 설명합니다. 총독 자신은 물론 다른 선량한 시민들 역시 경건한 사람들이며 자신들의 종교는 단순하기 그지없다고 말이지요. 그는 황제의 신적인 권능에 복종할 것을 맹세하고 황제가 평안을 누리기를 기도하기만 하면 선량하고 경건한 사람으로 간주하겠다고 말했습니다. 여기에 무슨 문제가 있을까요? 이 대화에서 우리는 한 교양 있는 사람이 아무런 교육도 받지 못한 이들을 설득하기 위해 인내하며 애를 쓰고 있음을 볼 수 있습니다.

---

1 이들의 이야기를 보기 위해서는 'The Passion of the Scillitan Martyrs' in J. Stevenson (ed.), *A New Eusebius: Documents Illustrative of the History of the Church to AD 337* (London: SPCK, 1957), no. 22. 혹은 다음의 책을 참조할 수 있습니다. Herbert Musurillo (ed.), *The Acts of the Christian Martyrs* (Oxford: Clarendon Press, 1972)

“자, 이건 어려운 문제가 아니오. 우리는 결국 같은 문제에 관심을 기울이고 있는 것이오. 생각할 시간을 갖기 위해 휴정을 바라오? 30일이면 되겠소? 어리석은 선택은 하지 말기를 바라오. 구태여 고통스러운 선택을 할 필요는 없소. 간단한 일이오. 그리고 누구도 당신들을 비난하지 않을 것이오.”

이에 스페라투스 일행은 답합니다.

“우리는 어떤 범죄도 저지르지 않았으며 납세의 의무를 성실히 이행하고 있습니다. 그리고 우리는 황제께서 평안을 누리시기를 기도합니다. 그러나 우리가 이렇게 하는 이유는 로마 정부가 우리에게 그렇게 하라고 명령해서가 아닙니다. 우리는 다른 원천에서 나오는 명령을 따릅니다. 우리는 그리스도인입니다.”

한 달간 생각해볼 시간을 주겠다는 제안에도 그들은 똑같은 진술을 반복할 뿐입니다.

“우리는 그리스도인입니다.”

그들은 더는 말하지 않습니다. 일고의 가치도 없다는 듯 말이지요. 그들의 사회적 충성심은 황제가 아닌, 다른 어딘가에 닻을 내리고 있습니다. 그렇게 재판은 마무리됩니다.

> 사투르니누스 총독은 서판에 쓰인 판결문을 읽었다. "스페라투스, 나르찰루스Nartzalus, 시티누스Cittinus, 도나타Donata, 베스티아Vestia, 세쿤다Secunda를 비롯한 피고인들은 그리스도교의 관례를 따라 산다고 시인했다. 로마의 법도로 돌아올 기회를 주었음에도 이를 완강하게 거부하였으므로, 이들에게 참수형을 선고한다."

신앙인의 정체성과 세속의 정체성

이 기록은 분량은 지극히 적으나 여기에는 심대한 신학적 의미가 있습니다. 적어도 총독의 기준에서 스페라투스는 교양 있는 사람이 아니었을 것입니다. 그러나 그는 자신이 처한 문제의 핵심 사안을 놀라울 정도로 정확하게 간파해냅니다. 그리스도교인들은 세속의 기준으로 보았을 때도 온전히 선량한 구성원들입니다. 그들은 법을 준수하며 선한 질서가 유지되기를 기도합니다. 그러나 그들이 법을 준수하는 것은 법률 제도나 법을 제정한 이가 신성하다고 믿어서가 아닙니다. 이들이 사회가 정해 놓은 의무들을 준수하는 것은 사회 그 자체와는 아무런 관련이 없는 이유 때문입니다.

심문을 받는 도중 스페라투스는 그리스도교인들은 "어떤 사람도 본 적 없으며 볼 수도 없는" 하느님을 섬기기 때문에 이 세계를 지배하는 권력과 자신들은 아무런 관련이 없다고 분명하게 말합니다.

당시 로마인들은 초기 그리스도교인들을 향해 '무신론자'라고 불렀습니다. 기이한 일이지요. 그러나 스페라투스의 발언은 왜 그들이 '무신론자'로 불렸는지를 헤아려 볼 수 있게 해줍니다. 그들은 신들이 눈에 보이는 곳에 있다는 생각을 거부했습니다. 그리고 이 세계에서 일어나는 일들, 사물들, 정치적 현실들을 통해 신들과 관계할 수 있다는 주장 또한 거부했습니다. 역설적이지만 그들은 자신들의 신앙을 하느님의 부재不在에 두었습니다. 그들이 믿은 하느님은 사회를 이루는 권력과 관습에는 존재하지 않습니다. 그들은 눈에 보이지 않고 초월적인 하느님을 예배했습니다. 그들은 사회에서 살아가는 것과 관련된 모든 사항을 저 하느님에게서 받았습니다. 바로 이 때문에 스페라투스는 자신과 동료들이 이 사회에서 신뢰를 받을 수 있을 정도로 성실히 참여하며 적의와 험담, 이기심을 멀리하고 공적 영역에서 시민으로서 해야 할 의무를 기꺼이 준수한다고 항변할 수 있었습니다("우리는 어떤 범죄도 저지르지 않았으며 납세의 의무를 성실히 이행하고 있습니다"). 그러나 그들이 가장 우선시한 것은 하느님께 순종하는 것이었으며, 이는 (어떤 형태이든) 이 세계의 권력 구조에 순종하는 것과는 전혀 다른 것이었습니다. 이들은 먼 훗날 종교개혁자들(특히 루터Martin Luther와 틴들William Tyndale)이 말한 것들을 미리 보여주었습니다. 즉 그리스도교인들이 올바르게 행동하고 사회적 선을 위한다면, 이는 영광스러운 하느님께서 주시는 넘쳐흐르는 은총에 머무른 것에 뒤따른 결과이지 자신들의 안전, 자신들의 물질적 행복을 보존하기 위해 선하고 관대한 행동을 해야 한다고 생각하기 때문이 아닙니다.

순교는 '눈에 보이지 않는' 하느님을 믿을 때만 할 수 있으며 의미를 얻을 수 있습니다. 당연하게도 이러한 그리스도교인들의 행동은 눈에 보이는 어떤 보상도 바라지 않습니다. 이 지점에서 우리는 마르코의 복음서를 살피며 이야기했던 신앙과 안정의 '쓸모없음'과 만나게 됩니다. 앞에서 인용했던 북아프리카 그리스도교인들의 고난 이야기에서 분명하게 알 수 있듯 순교자들의 재판 이야기는 그들이 그 길 외에는 달리 행동할 수 없었음을, 단지 자신들이 믿는 이가 어떤 분인지를 부정할 수 없었기에 그 길을 택했음을 보여줍니다.

주교 폴리카르푸스Polycarp는 기원후 156년 그를 쫓던 이들에게 붙잡혀 스미르나(서머나)에 있는 원형경기장으로 끌려갔습니다. 정무관과 흥분한 군중 앞에 선 노주교는 신성한 황제에게 복종을 맹세하라는 요구에 유명한 말을 남깁니다.

> "86년간 저는 하느님을 섬겼습니다. 그리고 그분은 제게 어떤 해도 입히지 않으셨습니다. 어찌 저를 구원하신 왕을 모독할 수 있겠습니까?"

다시 한번 황제에게 순종을 맹세하라는 요구를 받자 폴리카르푸스는 정무관에게 자신이 정녕 누구인지 모르는 척하느냐며 항변합니다.

"저는 그리스도인입니다."[2]

그리스도인이라는 정체성은 그가 무엇을 해야 하고 하지 말아야 하는지, 무엇을 할 수 있고 할 수 없는지를 결정케 했습니다. 그는 로마 황제가 아닌 다른 왕에게 충성을 맹세한 신하였습니다. 그는 이 왕에게서 값없이 구원이라는 선물을 받았습니다. 앞서 복음서에 나오는 재판 이야기들은 궁극적으로 예수가 한 일이나 한 말이 무엇인지를 다룬 이야기가 아니라 그가 누구인지를 전하는 이야기라고 말한 바 있습니다. 순교 이야기들도 마찬가지입니다. 이 이야기들에서 중요한 것은 하느님을 믿는 그 사람이 누구인가, 그리고 이 사람의 삶이 과연 하느님께서 값없이 선물로 주신 주권으로 규정되는가입니다.

권력과 복종

이처럼 순교자들의 이야기는 권력의 정체가 무엇인지, 그리고 권력이 행사되고 알려지는 지점이 어디인지를 보여줍니다. 왕이신 예수를 향한 폴리카르푸스의 충성심은 예수가 자신을 구원했으며 자신의 삶에 새로운 생명이라는 선물을 주었다는 확신에 뿌리내리고 있습니다. 순교자들에게 중요했던 권력은 생명을 주는 힘이지, 명령을 내리는 힘이 아니었습니다. 하느님의 뜻은 이루어질 것이기에, 순교자들은 소름

---

2 폴리카르푸스의 순교록을 보기 위해서는 Stevenson, *A New Eusebius*, no. 18. 혹은 Musurillo, *The Acts of the Christian Martyrs*를 참조할 수 있습니다.

끼칠 정도의 위협과 고통 가운데서도 예수를 향한 충성심을 저버리지 않았습니다. 예수가 자신에게 무언가를 (명령한 것이 아니라) 나누어 주었음을, 진리 안에 머무는 삶이 지닌 깊이를 깨닫게 되었음을, 예수의 삶에서 새롭고도 깊은 자신의 자리를 찾았음을, 예수가 선 곳에 자기 또한 서게 되었음을 확신했기 때문입니다.

이에 견주면 강압적으로 명령하고 통제하는 권력은 부차적인 힘에 불과합니다. 그리스도교인들은 이러한 권력이 예수의 왕권을 뒤엎을 만한 어떠한 권한도 갖고 있지 못함을 알고 있습니다. 초대 교회에서 순교자들을 그토록 중시했던 이유가 바로 여기에 있습니다. 순교자들은 그리스도를 따르는 삶의 핵심, 그리스도를 자신들의 통치자로 받아들이고 순종한다는 것이 무엇인지를 분명하게 보여주었습니다.

그리스도교인에게 순종은 자신들이 받은 것에 대한 반응으로, 자신이 받은 선물에 대한 감사를 표현할 가장 좋은 길을 모색하는 과정의 산물이라 할 수 있습니다. 그들은 예수가 자신들에게 나누어준 선물이 자신의 몸과 마음에 완전히 스며들어 이를 채우게 합니다. 이러한 면에서 순교자들이 선 심판대는 매우 깊은 차원에서 정치적 각축이 벌어지는 장이 됩니다. 이곳에서 양립할 수 없는 두 가지 권력과 두 가지 복종이 충돌합니다. 이 각축장에서 신앙인은 이 세계를 이루는 사물, 사건을 신성화하는 데 복종하기를 거부합니다. 새로운 무언가를 받았기에, 새로운 무언가를 나누게 되었기에 불가항력적으로 그 원천에 순종할 수밖에 없기 때문입니다.

정치적 각축

그러나 이처럼 순교가 정치적이기에, 그리고 순교가 그리스도교인의 근본이라 할 수 있는 정체성과 관련이 있기에, 순교 이야기는 흔한 정치적 각축장으로 빠져들곤 했습니다. 사람들은 순교 이야기를 들으며 곧잘 같은 차원의 두 권력이 같은 영역을 두고 충돌을 벌인다고 이해했습니다. 2세기 초 폴리카르푸스의 동료 주교 이그나티우스Ignatius of Antioch가 사형수로서 로마로 호송되던 길에서 쓴 편지들에 이미 그러한 조짐이 보입니다. 자신의 신앙 때문에 고통스러운 죽음을 눈앞에 두고 있는 그는, 바로 그 고통에 호소함으로써 교회들에게 자신이 적어 보내는 가르침에 더 큰 영향력을 싣게 됩니다. 순교를 통해 권위를 얻게 된 것입니다.

3세기 중반, 북아프리카 교회에서는 배교자들을 공동체로 다시 받아들이는 일을 두고 첨예한 갈등이 일어났습니다. 박해 중에 감옥에 들어가고 고문을 당한 일부 그리스도교인은 자신이 신앙으로 고난을 겪었기 때문에(그리고 이를 견디기 위해서 영적인 힘을 얻었기 때문에) 자신들이 지역 교회의 주교보다 더 큰 권위를 갖고 있다고 주장했습니다. 박해를 받은 이들을 지지하는 집단 역시 나머지 교인들을 교회의 순수성을 오염시킨 배반자이자 겁쟁이라고 부르며 경멸했습니다. 시간이 흐를수록 이 문제로 인한 교회의 분열은 더 심해졌습니다. 초기 그리스도교 교회가 탄생한 후 350년 동안 가장 첨예한 갈등, 가장 극심한 분열을 낳은 사안은 교리에 관한 논쟁이 아니라 순교자와 순교에 대한 태도에서 비롯한 다툼이었습니다.

20세기 그리스도교인들을 극심히 박해했던 나라들에서도 비슷한 대립이 일어났습니다. 이를 입증하는 자료는 무수히 많습니다. 예를 들어 1917년 이후 러시아 정교회의 역사를 살펴보면 양상은 다양하나 비슷한 문제를 두고 갈등이 곳곳에서 일어났음을 알 수 있으며, 이 문제는 지금도 계속되고 있습니다.

순교의 오용

좀 더 심각한 문제는 순교 이야기가 복수의 환상을 부추기는 데 쓰이기 시작했다는 것입니다. 4세기 초 그리스도교 역사가 락탄티우스Lactantius는 교회를 박해한 이들이 어떠한 죽음을 맞이했는지를 다룬 방대한 분량의 연대기를 썼습니다. 이 연대기를 통해 그는 하느님께서 성도들을 박해한 이들이 반드시 처참한 결말을 맞게 하셔서 복수하심을 보여주려 했습니다. 분명 신약성서의 일부 구절도 이러한 생각의 전조를 보여주고 있습니다. 앞서 언급했듯 이러한 생각은 그리스도교인들에게 반유대주의 감정을 부추기는 재료가 되었고 끔찍한 결과를 낳았습니다. 이는 복음서들이 전하는 재판 이야기가 우리에게 전하려는 바, 가르치는 바를 완전히 망각하고 무시한 결과라 할 수 있습니다. 이렇게 되면 하느님의 은밀한 손길, 세상의 힘과의 경쟁을 거부하는 그분의 초월은 눈앞의 문제에 대한 일시적 조치에 지나지 않게 됩니다. 하느님께서 곧 당신의 모습을 드러내셔서 세상의 여느 권위처럼 폭력으로써 성공을 거두시리라고 여기는 것이지요. 그러나 이렇게 되면 그분의 나라는 결국 이 세계에 속한 것이 되고 맙니다.

그리스도교인들은 이런 말을 듣고서 안도감을 느끼기도 합니다. 이들은 생각합니다.

> 물론 예수는 죽음을 감내했고 방어와 복수를 거절했지만, 그건 어디까지나 과거의 일일 뿐입니다. 우리를 구원하기 위해 죽음을 맞이해야 했지만, 그 죽음이 극복되고 종지부를 찍고 나면 기존에 이 세계에서 권력이 영위되던 방식은 유지되어도 좋습니다. 올바른 사람들이 그 권력을 쥐면 되는 것입니다.
> 물론 하느님께서는 지금도 자비로운 분이시기에 우리는 모두 참회할 기회를 갖고 있지만, 머지않아 당신의 정의를 이 땅에 실현하시기 위해 이 세계를 다시 한번 말끔히 정화하실 것입니다.
> 물론 순교자들이 흘린 피는 교회라는 열매를 낳는 씨앗이며 자기를 버리는 이들의 용기는 우리에게 본보기가 되지만, 이는 동시에 우리의 대의명분을 관철하기 위한 훌륭한 근거가 되기도 합니다. 우리는 저 영광스러운 기억이 흠집 잡히지 않게끔 충성을 다하고 정결을 유지해야 합니다.

이러한 방식으로 그리스도교인들은 자신들의 공동체 생활을 구축하고 방어하기 위한 중요한 소재로 과거 신앙인들의 수난 이야기를 이용하고 악용했습니다. 그러나 예수가 서 있는 심판대에 서려 한다면, 이러한 사고방식 또한 심판받아야 합니다.

정직함 대對 훼손

1615년 성령강림주일, 주교 랜슬럿 앤드류스Lancelot Andrewes는 왕을 앞에 두고 설교를 하면서 가차 없는 말투로, 일부 그리스도교인들이 초대 교회가 보여주었던 비폭력을 따르지 않고 있다고 말했습니다. 그리고 초대 교회가 보여주었던 이상을 오늘날 그리스도교인들은 집어던져 버렸으며, 하늘에서 내려오는 비둘기처럼 기존의 성령을 가리키는 상징을 버리고 좀 더 공격적이고 폭력적인 상징을 쓰는 '새로운 그리스도교인'의 모습을 제시해야 하는 때가 와버렸다고 탄식했습니다.

> 그들은 자신들이 힘을 갖게 될 때까지, 자신들이 속한 세력을 확장할 수 있을 정도로 부리와 발톱이 자랄 때까지만 평화를 유지하려 합니다. 그들이 힘을 얻게 되면 여기에 있는 비둘기는 '안식을 누리기 위해' 어디론가 날아가 버릴 것입니다. 그러고는 새로운 성령이 그들에게 임할 것입니다. 이전의 성령과는 달리 이 영은 무기를 들고 반역을 일삼으며 권력을 쟁취하려 하고 모든 것을 파괴하려 할 것입니다. 올리브 가지 대신 피 묻은 칼을 물고 올 것입니다.[3]

---

[3] Lancelot Andrewes, *Ninety-Six Sermons*, Volume III (Oxford and London: James Parker, 1875), 259.

이어서 그는 새로운 성령이 임해 새로이 세례를 받고 새로운 그리스도를 맞이하거나, 아니면 "옛 상징(비둘기)을 기이하게 바꾸어야 한다고, 부리가 날카로워지도록 두드리고, 독수리의 깃털을 입혀 이전에는 하지 않았던 일을 하도록, 본성과 어긋나는 일을 하게 만들어야" 한다고 말했습니다.[4] 그러나 그리스도교가 전하는 진리에 따르면 성령은 변하지 않습니다. 그리고 성령이 교회에 주는 선물 역시 바뀌지 않습니다. 그는 성령을 모든 것을 집어삼키는 폭력의 불길로 바꾸어 버리는 것은 하느님께서 하시는 활동의 본질적인 속성, 변치 않는 속성을 부정하는 것이라고 힘주어 말합니다.

앤드류스 주교가 전한 이 탁월한 설교에는 기지가 넘칩니다. 이 설교를 제대로 음미하기 위해서는 그가 이 설교를 통해 '화약 음모 사건'Gunpowder Plot으로 대표되는 테러 행위를 노골적으로 지지했던 당시 로마 가톨릭 신자들을 비판하고자 했음을 염두에 두어야 합니다.* 그러나 그 또한 다른 곳에서는 테러 모의에 가담한 로마 가톨릭 신자들과 '예수회 수사'(이는 당시 반역에 가담한 로마 가톨릭 성직자들을 통칭하는 말이었습니다)들의 목을 매단 다음 시신에서 내장을 발라내고 사지를 토

[4] 위의 책.

* '화약 음모 사건'은 1605년 11월 5일 제임스 1세의 종교 정책에 불만을 품은 로마 가톨릭 교도들이 웨스트민스터 궁전 지하에 화약을 쌓아놓고 폭파해 왕과 의원들을 몰살시키려 했다가 실패한 사건을 말한다. 이후 영국 의회에서는 왕의 무사함을 축하하고 다시는 음모 사건이 일어나지 않기를 바라는 의미에서 11월 5일을 감사절로 정했는데, 영국인들은 지금도 이날을 '가이 포크스 데이'Guy Fawkes Day라 하여 축제를 즐긴다.

막 내야 한다고 권고했음을 우리는 기억해야 합니다.* 그의 말은 여러 측면에서 우리가 빠질 수 있는 덫에 대해 성찰할 거리를 던져주고 있는 셈입니다.

전혀 다른 차원의 권력을 받아들이고 이를 표명하는 순교와 세계를 영위하는 권력과 같은 수준의 권력을 얻으려는 순교, 즉 이 세계를 통제하기 위한 투쟁에서 승리를 거두는 데 비장의 무기가 되는 순교 사이에는 분명한 차이가 있습니다. 그리고 이는 우리가 겪는 고통을 정직하게 받아들이는 것과, 고통을 일종의 무기로 삼아 우리 자신을 정당화하고 허물을 감추는 것 사이에 분명한 차이가 있음을 상기시킵니다. 우리가 겪는 고통을 진실하게 대하면서도 자신을 피해자, 희생자라는 위치에만 놓으려는 유혹에 빠지지 않는 것은 무척이나 어려운 일입니다. 그러나 우리는 이러한 도전에 맞서야 합니다. 심판대에 선 순교자들을 통해 드러나는 것은 결국 심판대에 선 예수를 통해 드러나는 것과 다르지 않습니다. 둘은 모두 이 세계가 자신을 영위하는 방식과 하느님께서 세계를 통치하시는 방식의 완전한 차이를 보여줍니다.

다른 환경이 던지는 도전

과거보다 훨씬 더 복잡해진 오늘날, 모든 것에 의심의 눈길을 보내

---

* '목을 매단다음 시신에서 내장을 발라내고 사지를 토막내는' 형벌은 '교수척장분지형'絞首剔臟分肢刑이라 불리기도 하며 잉글랜드에서 국가반역죄를 저지른 사람(남성)에게 집행한 형벌을 가리킨다.

는 오늘날, '자기'를 내세우지 않으면서 이러한 이야기들의 의미와 이 이야기들이 말하는 바를 따를 때 치러야 할 대가를 헤아려 보기란 쉬운 일이 아닙니다.

스페라투스는 다시 한번 말했다.

"저는 그리스도인입니다."

나머지 사람들도 같은 고백을 되풀이했다.[5]

오늘날 이 이야기들은 막 세계에 등장한 어린 교회가 지닌 순박한 믿음을 보여주는, 인상적인 증언들의 기록으로 느껴지기도 합니다. 그러나 이러한 일이 과거에만 일어난 것은 아닙니다. 1980년대 중반 저는 아내와 아프리카 남부에 있는 성공회 교회에서 몇 달간 일한 적이 있습니다. 우리는 우리가 평소 보고 듣고 함께한 수많은 상황이 인간적인 복잡함으로 얽혀 있다는 것을 알게 되었습니다. 남아프리카 교회를 마냥 영웅적으로, 낭만적으로 보아서는 안 되겠지만, 적어도 무엇을 선택해야 할지는 훨씬 분명했던 그때의 상황을 그리워하는 마음은 아직도 남아 있습니다. 그곳에서는 어디에 서 있는지, 누구에게 속해 있는지와 같은 핵심 물음에 반드시 답해야 했기 때문입니다.

영국에 돌아왔을 때 상황은 남아프리카와는 사뭇 달랐습니다. 이곳

---

5 'The Passion of the Scillitan Martyrs' in J. Stevenson (ed.), *A New Eusebius: Documents Illustrative of the History of the Church to AD 337* (London: SPCK, 1957), no. 22.

에서는 위와 같은 핵심 질문들에 어떻게 답해야 하는지가 분명하지 않았습니다. 무엇에 '저항'해야 하는지, 어떠한 저항이 가능하며 건설적인지 파악하기조차 쉽지 않았습니다. 우리가 경험하고 들은 이야기를 다른 이들에게 들려줄 때, 우리는 우리가 배운 바를 이처럼 훨씬 더 혼란스럽고 피곤한 영국의 환경에 맞게 번역하여 들려주기란 쉽지 않은 일임을 알게 되었습니다. 물론 우리가 겪은 일은 남아프리카 공화국에서 인종 분리 정책에 맞서 싸운 위대한 인물들이 강제 추방된 후 겪은 일들에 견주면 아무것도 아니지만 말입니다. 트레버 허들스턴Trevor Huddleston에 관한 최근 전기에서 지은이는 1940년대와 50년대 소피아타운에서 있었던, 극도로 위험하면서도 흥분된, 자신의 모든 것을 바쳐야만 했던 시간 이후 그가 진정으로 평안을 누릴 수 있는 곳이 과연 있었을까를 묻습니다.[6,*] 이후 그가 마주한 세계는 너무나 하찮고 무미건조한, 회색빛으로 물든 구름으로 가득한 세계였기 때문입니다.

남아프리카, 소련, 나치 독일, 혹은 이와 유사한 우리 시대의 순교 현장, 혹은 순교자들을 바라보듯 초대 교회의 순교를 바라볼 수도 있습니다. 이러한 이야기들을 접하며 우리는 비교적 안정된 환경에 있기에 그러한 극적 경험을 할 수 없다고 생각하기도 합니다. 결코 그들과

---

6 Robin Denniston, *Trevor Huddleston: A Life* (London: Macmillan, 1999)를 참조.

* 트레버 허들스턴Trevor Huddleston(1913~1998)은 성공회 성직자로서 런던 스테프니 교구의 주교를 지냈으며 인도양 관구의 대주교를 지냈다. 데스몬드 투투 대주교와 함께 남아프리카 공화국의 인종차별 정책 폐지에 적극적으로 참여했으며 이에 대한 공으로 인디라 간디 상, 성 마이클과 성 조지 훈장을 받았다. 사후 남아프리카 공화국에는 그의 업적을 기려 허들스턴 기념관을 세웠다.

같은 그리스도교인은 될 수 없다고 생각할지도 모르겠습니다. 그리스도교가 로마 제국의 합법적인 종교로 인정을 받자 많은 그리스도교인이 이와 비슷한 생각을 했습니다. 그리하여 진지한 신자들은 수도 생활을 하기 위해 도시를 벗어나 산이나 사막으로 나아갔습니다. 그들은 이 외에는 폭력적인 제국에 직면한 그리스도교인들이 겪어야 했던 것과 같은 신앙을 검증할 길이 없다고 여겼습니다. 당시 그리스도교인들은 수도 생활(이후 켈트 세계에서 이 말은 고향을 떠나는 자발적인 유배 생활을 뜻하게 되었습니다)이 순교에 상응하는 활동이라고 말했습니다.

이러한 현상들은 '누구도 나를 괴롭히지 않으므로 스스로 고통을 만들어야겠다'는 생각에서 나온 산물이라고 속단할 수도 있습니다. 그러나 초기에 수도 생활을 했던 이들이 남긴 기록을 보면 그들이 자신들의 동기가 왜곡되지는 않았는지 끊임없이 경계했음을, 진정한 신앙의 시험은 무미건조하게 반복되는 일상에서 이루어짐을 끊임없이 상기했음을 발견할 수 있으며 이러한 그들의 노력은 수도 공동체의 설립으로 이어졌습니다. 또한 신앙생활에서 겪는 시련과 시험, 심판대에 서는 일들에 관해 가장 섬세하게 살핀 작품들은 수사들과 수녀들이 남긴 기록이라는 것 또한 알아두어야겠습니다. 다른 어딘가로 가서 좀 더 가치 있는 일을 하고 싶은 충동, 답변 없는 기도에 대한 깊은 좌절, 어떠한 기쁨과 사랑의 체험도 없는 무미건조한 일상의 연속, 누군가를 판단하거나 점수 매기려는 충동에 굴복하지 않으면서 (종종 짜증을 불러일으키는) 다양한 이들과 함께 살아야 하는 상황… 사막 교부와 교모들은 이 모든 것을 수도 생활에 따르는 '시험'으로 (때로는 풍자와 짓궂은 농담을 곁들여) 상세히 기록했습니다. 그리스도교 영웅주의를 내세우는 글들을 뒤틀고 비판하는 이러한 작품들은 우리가 순교와 같은 극적인 체험을 동경할 때 일종의 해독제 역할을 해줍니다.

일상에서 자유를 찾기

그렇다면 순교가 우리에게 전해주는 것은 무엇일까요? 본질적으로 순교는 영웅주의의 산물이 아닙니다. 순교란 궁극적으로 이 세계에서 피할 수 없는, 명령처럼 주어지는 폭력에서 자유로워지는 것이어야 합니다. 가장 극적인 대가를 치러야 얻게 되는 자유 말입니다. 여기서 중요한 것은 '극적인' 것이 아니라 '자유'입니다. 순교 이야기를 접하며 우리가 이야기의 '극적인 측면'에 초점을 맞춘다면, 영웅주의에 경도된다면 또 다른 폭력에 휘말리게 됩니다. 우리가 스스로 도덕적으로 난공불락인 존재가 되려 몸부림치기 때문입니다. 우리는 희생자가 되기를 바랍니다. 어둠의 세력과 빛의 세력이 명확하게 구별되는 세계에 살고 싶은 것이지요. 우리는 복음서들이 그린, 심판대에 선 예수가 뒤흔들어 놓은 경계를 다시 세우기를 바랍니다. 내부인과 외부인의 경계가 명확한 세계로 돌아가고 싶은 것입니다. 하지만 우리는 전혀 '극적이지' 않은 일상이라는 맥락에서 신앙의 시험을 치를 때, 심판대에 설 때 이 자유를 어떻게 실현할 수 있는지를 물어야만 합니다. 이전 장에서 썼던 표현을 빌려 말한다면 세계가 가하는 폭력이라는 도전에 직접 마주하지 않아도 되는 삶을 살면서도, 그리스도 안에서 폭력이 극복되고 침묵하게 된다는 진리를 드러낼 수 있을지 물어야 합니다.

이 물음들에 간단명료한 답, 보편적인 답은 없습니다. 문제를 식별하는 것, 위에서 언급한, 수도 생활을 하던 이들이 겪은 유혹들(다른 어딘가로 가서 좀 더 가치 있는 일을 하고 싶은 충동, 답변 없는 기도에 대한 깊은 좌절…)에 상응하는 우리 자신의 문제들을 발견하는 것이 출발점이 될 수는 있겠지요. 그러나 핵심 질문은 이전 장에서 살폈던 질문과 같습니다. 바로 이 세계를 집으로 여기는 것이 무엇을 뜻하는지를 성찰해 보는 것입니다.

이때 우리는 다시금 역설로 돌아옵니다. 즉 이 세계가 돌아가는 방식을 가장 철저하게 거부할 때 우리는 비로소 이 창조세계를 온전히 집으로 여기며 우리를 둘러싼 현실을 선물로 받아들이는 습관을 익힐 수 있습니다. 순교를 이러한 방식으로 성찰해 볼 때 우리는 삶을 '극적으로' 만들려는 경향이 이 세계를 온전히 집으로 여기는 것에 가장 커다란 방해물이 됨을 깨달을 수 있습니다.

상황을 극적으로 만들려는 열망에 휩싸이면, 우리는 이러한 가상의 극에서 자신의 미덕, 용기, 혹은 지혜를 과시하기에 가장 적합한 역할을 떠맡으려 합니다. 그리고 갈등(시험)을 만들어냄으로써 자신이 서 있는 곳과 겁먹고 경멸당하고 있는 이들이 서 있는 곳 사이에 분명한 선을 그으려 합니다. 이렇게 되면 진리의 환대는 거부될 수밖에 없습니다. 이러한 열망을 극복하기 위해 우리는 다른 눈으로 상황을 보는 법을 익혀야 합니다. 자신을 최대한 '탈중심화'de-centring해서 의식적으로 자신의 입장에 의문을 제기해야 합니다. 이는 상상력과 대화가 함께 할 때 가장 효과적으로 이루어질 수 있습니다(엘리자베스 템플턴이 말한 "진리를 향한 대화"를 떠올려 보십시오). 우리는 우리 자신의 권태를, 이 세계가 언제나 우리에게 만족스러운 역할을 주리라는 기대감을 직시하고 이를 제압해야 합니다. 좀 더 분명하게 말한다면, 우리는 평범한 일상을 살아내는 기예art of ordinary living를 익혀야 합니다.

자유에 대한 두려움

셰익스피어의 『리어왕』King Lear에서 리어왕은 코델리아와 함께 감옥으로 들어가며 자신의 소망을 말합니다.

> 만물에 깃든 신비를 뒤집어쓰는 거야.
> 마치 하느님의 밀정인 것처럼.[7]

감옥의 독방에서 이 세상이 어떻게 음모와 야망에서 자유로워질 수 있는지 알게 되리라고, 끊임없는 화해를 통해 진리를 보게 되리라고, 그는 말합니다.

---

7 William Shakespeare, *King Lear*, Act 5, scene 3, ll. 16~17. 『리어왕』(아침이슬)

그렇게 우린 살자. 그리고 기도하자, 노래하고, 옛날얘기하고,

그리고 비웃는 거야, 금칠한 나비들을.[8]

이렇게 리어왕은 전혀 극적이지 않은 삶을 담담하게 그립니다. 그러나 이러한 삶을 향한 그의 바람은 적들이 다시금 폭력을 휘둘러 코델리아를 죽이는 가슴 무너지는 사건이 일어나면서 산산이 조각나버립니다. 그럼에도 불구하고 공포와 복수로 점철된 이 극에서 이 말을 하는 순간만큼은 리어왕은 아무런 꾸밈도 없는 '투명한' 존재입니다. 적어도 이 순간, 그는 명예를 쟁취하고 서열 위에 서려 하는 애처로운 투쟁에 사로잡히지 않은 채 자유롭게 자신과 주변을 봅니다.

그러나 이 세계는 다른 질서에서 온 밀정이 있다는 사실에 기뻐하지 않습니다. 그리하여 평화로운 삶을 살고 싶었던 리어왕의 꿈은 이루어지지 않습니다. 초대 교회의 순교자들처럼 그는 죽음을 맞이할 수밖에 없습니다. 그가 이 세계의 권력이 규정한 조건들에 복종하는 시민이 되려 하지 않기 때문입니다. 그는 무언가 다른 것을 봅니다. 그리고 이는 보이는 것들을 통제하려 온갖 애를 쓰는 이 세계 권력층에게 두려움을 불러일으킵니다. 아니타 메이슨의 소설 『마술사』 중 유죄 판결을 받은 데메트리우스가 재판관을 만나는 장면은 이와 관련해 다시 한번 날카로운 통찰을 보여줍니다.

---

8 위의 책, ll. 11~13.

다른 곳에서 판결을 내리기 위해 논의가 진행되고 있었다. 아득히 먼 거리에 있었지만, 그는 총독이 분노로 가득 찬 표정을 짓고 자신을 노려보고 있음을 감지할 수 있었다. 데메트리우스는 그 표정을 보고 총독 또한 언젠가 죽음을 맞이할 인간임을 알았다. 그는 총독의 분노로 이글거리는 눈을 깊이 들여다보았다. 눈 저편에서, 두려움이 보였다.[9]

통념상 우리는 힘을 가진 사람에게 두려움이 있으리라고 여기지 않습니다. 그러나 소설에서 정무관들이 피고인 데메트리우스의 마음을 바꿀 수 있으리라고 필사적으로 주장하는 모습에서 우리는 두려움을 읽어냅니다. 피해자, 희생자의 눈에 자신들 또한 유한하고 부서지기 쉬운 존재로 보일까 봐, 자신들 또한 이해할 수도, 조정할 수도 없는 힘의 심판 아래 서 있는 사람임이 탄로 날까 봐 그들은 두려워합니다.

다시 복음서로 돌아가 볼까요. 복음서에는 "두려워하지 말라"는 명령이 자주 등장합니다. 진리 안에 머무는 삶은 두려움에서 벗어나 자유를 경험하는 삶입니다. 두려움은(실패에 대한 두려움, 타자에 대한 두려움, 나와 너무 비슷한 것에 대한 두려움, 너무 많은 변화에 대한 두려움, 죽음에 대한 두려움, 우리 자신의 욕망에 대한 두려움, 우리 자신의 연약함에 대한 두려움) 우리의 일상을 조건지우지만, 우리는 이 일상이라는 무대에서 우리에게 생명을 주는 힘의 주권을 드러내야 합니다. 그러므로 평범한 일상

[9] Anita Mason, *The Illusionist*, 227.

을 살아내는 기예란 곧 두려움 없이 살아가는 방법을 뜻합니다. 이는 무언가 하지 않으면 현실 전체가 붕괴되거나 누군가의 손에 우리가 넘어가게 되리라는 불안을 벗어나, 내면에서 넘쳐 흐르는 확신을 따라 우리가 받은 것을 '육화'肉化,incarnate하는 것, 곧 이를 몸으로, 목소리로 만드는 것, 우리가 선 자리에서 이루는 것입니다.

일상을 다루는 법

예술Art은 언제나 자유의 차원을 지니고 있습니다. 예술은 직업이 아니며, 무언가를 뒷받침하기 위한 것도 아닙니다. 대다수 예술가는 예술이란 어떤 형식과 영감이 쏟아져 우리를 내리누름으로써 이뤄지는 것이라고 말합니다. 미리 알아챌 수 없는 방식으로 말이지요. 그렇기에 일상을 살아내는 기예, '일상의 예술'이란 이 낯선 자유를 생생하게 드러내는 것입니다. 이 자유는 무에서 무언가를 만들어낼 자유, 우리가 바라는 것을 행하거나 말할 자유가 아니라 의무를 지켜야 한다는 욕구에서 벗어나는 자유, (신앙인의 삶에서는) 우리가 받은 선물에 바탕을 둔 형태와 의미를 행동으로 담아내는 자유를 뜻합니다.

이러한 자유를 표현하는 방식은 무궁무진합니다. 유대인들에게 전해지는 이야기에 따르면 신발 수선공이었던 족장 에녹은 위로부터의 영광과 아래로부터의 영광을 재결합하는 마음으로 신발 윗가죽과 아랫판 가죽 사이를 실로 꿰맸습니다. 러시아 정교회에서는 수도 생활을 할 때 매일 매일 해야 할 '살림살이'를 하는 것을 '순종'으로 묘사하며 하느님께서 주신 선물에 투항하는 구체적인 행위로 여겼습니다. 루터교에서는 가정, 시장, 노동, 정치 영역에서 이루어지는 삶이 각기 나름대로 하느님께서 주신 비전을 따르는 '소명'이라고 확신했습니다. 이 모든 믿음, 행동에 구심점이 있다면 이는 세계에 '나'의 뜻을 관철시키는 데 정신없이 분주한 자아를 내려놓는 것입니다. 이렇게 내려놓는 것이야말로 자유입니다. 이 자유를 실현하기 위해서는 위험이 따르며 값비싼 대가를 치러야 합니다. 그리고 그러한 면에서 이 자유는 순교자들이 보여준 자유와 밀접한 연관이 있습니다. 그들은 이 자유를 위해 자신의 목숨까지 내려놓는, 가장 커다란 대가를 치렀습니다.

순교란 이 세계의 권위에 바탕을 둔 특정 질서가 아니라 하느님께서 빚으신 대로의 세계에 자신이 속해 있으며 속하겠다는 최후의 선언입니다. 이는 역설적인 표현입니다. 우리는 손쉽게 순교를 이 세계에 대한 궁극적인 무관심 혹은 거부를 표현하는 행동으로 여기니 말이지요. 그러나 우리가 요한의 복음서를 제대로 읽었다면, 예수의 진리 안에서 살아간다는 것은 이 세계를 집으로 삼는다는 뜻입니다. 이러한 삶이 권력을 좇는 이 세계의 체제, 제도에 위협이 되는 이유는 자기를 지키려는 폭력, 타자에 대한 두려움 등 이러한 체제들을 특징짓는 것들에 조금의 정통성도 허락하지 않기 때문입니다. 그러므로 특정 순교자의 이야기에 관해, 혹은 그리스도교인들이 그 이야기를 사용하는 방식에 관해 질문을 던질 때는 그러한 값비싼 행동 이면에 자리한 것이 무엇인지를 물어야 합니다. 이 세계를 집으로 삼음으로써 나오는 행동인지, 하느님만을 위한다는 이유로 하느님의 창조를 부정하는 태도에서 나온 행동인지를 말이지요.

의심스러운 순교자들

실제로 많은 이가 순교를 두고 이러한 질문을 던졌습니다. 이러한 질문은 그리스도교가 이 세계에 등장했을 때부터 오늘날에 이르기까지 꾸준히 제기되었습니다. '영웅적'heroic이라고 밖에는 표현할 수 없는, 그러나 하느님의 창조에 대한 신앙의 결여, 초조함에서 비롯된 것 같은 불편한 인상을 남기는 죽음이 있습니다. 이러한 죽음은 일상을 성사로 여기는 삶이 아니라 극단적으로 금욕적인 삶, 여기서 비롯된 폭력과 관련이 있습니다. 아우구스티누스를 비롯한 몇몇 사람은 4세기 후반 북아프리카 지역을 떠돌던 무리에 관해 기록했습니다. 이들은 순교라는 명목을 내세워 사람들에게 자신들을 죽여 달라고 하고 그렇게 하지 않으면 폭력으로 그들을 위협했습니다. 이는 그리스도교 신앙에서 비롯한 동기가 가장 기괴한 모습으로 변질되어 나타난 것이라 할 수 있습니다. 이보다는 덜 극적이지만, 수 세기에 걸쳐 알려진 순교 이야기들을 보아도 의아심이 들 때가 종종 있습니다. 원형경기장에 끌려가 맹수에게 먹히기를 지나칠 정도로 열망했던 안티오키아의 이그나티우스는 분명 참된 순교의 경계선에 있었습니다. 이에 견주면 긴장한 사형집행관에게 "부디 제가 그 일을 하게 해주세요"라고 말하며 죽음

을 맞이한 페르페투아Perpetua는 문제가 덜한 것처럼 보일 정도입니다.[10]

어쩌면 이 때문에 현대 독자들은 순교 이야기들 중 반反영웅들antiheroes, 순교자 같지 않은 순교자들, 죽음 앞에 머뭇거렸던 순교자들의 이야기들에 더 감명을 받는지도 모르겠습니다. 종교개혁 시기 구교와 신교 양쪽에서 나온 순교자들의 이야기가 더 감동적인 까닭은 그들이 때로는 분명한 결점을 갖고 있고 죽음을 회피하려 했기 때문입니다. 토머스 모어Thomas More와 토머스 크랜머Thomas Cranmer가 사람들을 매혹하는 이유는 부분적으로 두 사람 모두 다른 사람을 처형하는 일이 선한 일이라고 생각했다는 데 있습니다. (크랜머의 경우 헨리 8세에게 반대하는 이들이 희생자가 되는 것을 막기 위해 노력했다는, 상대적으로 나은 기록이 있기는 하지만) 두 사람 모두 국가 체제가 휘두르는 심각한 폭력에 적극적으로 가담했습니다. 그리고 두 사람 모두 처형당할 위기에 내몰리자 탁월한 지능을 활용해 이를 피하고자 애썼습니다. 그리고 두 사람 모두 (크랜머의 경우에는 처형을 당하기 직전에) 자신에게 더는 선택의 여지가 없음을 깨달았습니다. 그들은 죽음을 맞이하며 '투명함', 자유가 무엇인지를 보여주었습니다. 물론 이러한 순간이 있었다고 해서 그들이 저질렀던 과오를 덮을 수는 없습니다. 그러나 그들은 이 세계가 하느님의 주권 아래 있음을 분명하게 인지하고 있었고, 그러한 깨달음이 두 사람 마음 깊은 곳에 자리하고 있었기에 투명하게, 자유 아래 죽음을

10 Musurillo, 'The Passion of Perpetua and Felicity' in *The Acts of the Christian Martyrs*

맞이할 수 있었습니다. 두 사람 중 누구도 자신들을 향한 판결에 이의를 제기하지 않았으며 자신들을 죽음으로 내모는 적들을 향해 저주를 퍼붓지 않았습니다. 모어는 심지어 죽음을 맞이하면서 자신과 자신을 심판한 이들이 "하늘에서 기쁜 마음으로 만날 수 있기를" 바라는, 상대방을 무장 해제시키는 기도를 드리기까지 했습니다.

모어와 크랜머의 이야기는 우리에게 조금이나마 안도감을 줍니다. 대법관으로 재직하던 시기의 모어, 헨리 왕의 통치 시기 마지막 몇 년 동안의 크랜머가 동시대 다른 사람들의 행보와 견주었을 때 유별나게 호감이 가지 않고 불쾌한 인물은 아닐지 몰라도, 두 사람 역시 근본적으로 받아들이기 힘든 혐오스러운 사유들에 갇혀 있었습니다. 그렇기에 우리는 그들이 후대에도 본으로 삼을 만한 인물이라고, 선한 영감을 불러일으킨다고 섣불리 단정할 수 없습니다. 이들이 타인의 본보기가 되는 죽음을 맞이하리라고 짐작하기도 쉽지 않습니다. 모어와 크랜머가 겁쟁이는 아니었습니다. 하지만 두 사람 모두 공적 이력의 정점에 있을 때 궁정 사회에 속한 모든 사람이 그랬듯 군주를 향해 비굴한 모습을 보였습니다. 물론 두 사람 모두 당시 왕이 자신에게 보인 호의는 하룻밤 새에도 바뀔 수 있으며 자신들이 제멋대로이고 광기로 가득 찬 전제정치 체제에 속박되어 있음을 알고 있었지만 그렇다고 해서 폭정에 가담하기를 멈추지는 않았습니다(모어는 이를 분명하게 표현한 적도

있습니다).[11]

그러니 두 사람이 마지막 순간에 보인 죽음에서 자유로운 모습, (모어의 경우) 아이러니할 정도로 초연한 모습은 신비로운 일이 아닐 수 없습니다. 이들의 이야기는 하느님의 자유가 우리가 보기에는 전혀 이를 담아낼 수 없을 것 같은 사람들 안에서도 은밀하게 자라날 수 있음을 보여줍니다. 우리에게 공개 재판처럼 대단한 일이 벌어지지 않는다면 우리는 저 자유가 모습을 드러내는 것을 보지 못할지 모릅니다. 그럼에도 하느님의 자유는 그곳에 있습니다. 신앙, 혹은 무슨 이유로든 고통받을 생각만 해도 움츠러들기 십상인 우리 안에서도 그러한 자유는 나타날 수 있습니다. 이 자유가 우리가 삶을 극화하지 않도록 해주는 자리입니다. 언젠가 닥칠 상상할 수 없을 만큼의 희생을 기꺼이 감내하길 확신한다면, 박해를 당할 때 어떻게 해야 할지 아무런 망설임과 두려움 없이 생각해낼 수 있다면, 그는 미래를 손아귀에 쥐고 자신이 바라는 자신의 모습으로 삶을 지배하고 있을 것입니다. 하지만 미래는 우리의 것이 아니고, 그럴 수도 없습니다. 우리는 모어와 크랜머가 체제와 타협하는 혼탁한 삶을 사는 와중에 그랬듯 매일 매일 기도

---

11 토머스 모어의 사위인 윌리엄 로퍼William Roper는 널리 알려진, 모어와 노퍽의 공작the Duke of Norfolk이 나눈 대화를 기록했습니다. 대화에서 공작은 모어에게 "대법관, 하느님의 몸을 위해, 하느님의 몸으로 군주들과 다투는 것은 위험한 일이오. 인디그나티오 프린키피스 모르스 에스트indignatio principis mors est(군주의 분노를 낳으면 죽음뿐이다)." 이에 모어는 답합니다. "말씀 다 하셨습니까? 경과 저의 신념에는 별다른 차이가 없습니다. 저는 오늘 죽음을 맞이하고 경은 내일 죽음을 맞이한다는 것 외에는 말이지요." William Roper and Nicholas Harpsfield, *Lives of Saint Thomas More*, E.E. Reynolds (ed.) (London: Dent, 1963), 35.

와 참회를 통해 하느님께서 머무실 자리를 마련해야 합니다. 우리가 얼마나 정직하게 하느님을 초대했는지는 심판대에 설 때 비로소 분명하게 드러날 것입니다. 그때까지 우리가 할 일은 믿음으로 일상을 살아내는 기예, 곧 도망치지 않고 그리스도의 가르침을 담담한 일상의 언어로 살아내는 것뿐입니다.

대가를 직시하기

이 말은 집안일에만 신경 쓰고 공적 생활에 관해서는 어떠한 질문도 제기하지 말라는 것이 아닙니다. 적어도 이러한 맥락에서 우리는 16세기식 사고방식과 결별해야 합니다. 서구세계에서 권력자는 더 많은 책임을 갖게 되었으며, 공적인 영역에서 결정한 사안에 대해 사람들이 치러야 할 대가에 대해 질문하는 일 또한 매우 중요한 의미를 갖게 되었습니다. 진리 안에서 순교자들과 함께 선다는 것, 하느님의 밀정이라는 임무를 받아들인다는 것은 우리가 자유를 얻게 되었음을 뜻할 뿐 아니라 이 사회가, 혹은 정치권이 침묵하고 회피하는 것들을 꿰뚫어 보아야 할 의무를 갖게 되었음을 뜻합니다. 종종 우리 사회가 '애도'에 서투르다는 이야기가 들립니다. 우리는 우리가 잃어버린 것을, 우리의 연약함을 상기하기를 좋아하지 않습니다(어쩌면 이 때문에 우리에게 직접 영향을 미치지 않는 사건들에 과도한 슬픔과 비통함을 표현하는지도 모르겠습니다).

1990년대 후반, 영국 및 몇몇 국가는 세계 다른 지역에 있는 폭압적인 정권에 대항해 군사력을 사용했습니다. 이처럼 과감한 군사력의 행사는 정당하고 유효할 수도 있으며 그렇지 않을 수도 있습니다. 그러나 그리스도교인에게 근본적인 문제는 그러한 행동 앞에 과연 얼마나 진실할 수 있는가입니다. 물론, 민간인 사망자 발생으로 인해 치러야 할 대가가 있습니다. 그러한 정책으로 인해 국내, 혹은 국외에서 의미 있는 다른 곳에 쓸 수 있는 자원이 소진되기도 합니다. 또한 정치란 대개 대가를 치러야 할 비용이 어디에서 나올지를 고르는 것이지, 대가를 치르지 않아도 되는 선택지를 찾는 것이 아닙니다.

이때 그리스도교인의 소명은 공적 영역에서 결정한 것에 뒤따르는 특정 대가에 대해, 그리고 직면하게 될 비극적인 요소에 대해 문제를 제기하는, 아무도 알아주지 않는 자리에 서는 것입니다. 이 일은 사람들에게 죄책감을 불러일으키는 것이 아니라, 대가를 직시하는 것이 자유의 속성을 온전히 이해하는 유일한 길임을 사람들에게 상기시키는 것입니다. 때로 그리스도교인들은 지역 사회와 국제 사회의 안녕, 공적 영역의 온전함을 위해 어떤 대가를 치른다 해도 용납될 수 없는 일이 있다고 지적하는, 더더욱 알아주지 않는 임무를 감당해야 합니다.

이렇게 다루기 어려운 사안들을 감내하는 행동은 윤리적으로 우월한 위치를 점하고 있다고 확신하는 데서 나오는 게 아니라, 우리가 볼 수 있도록 우리가 받은 것을 말해야만 함을 감지하는 데서 나옵니다. 심지어 더 나은 길을 분명하게 제시할 수 없을 때조차 말이지요(이러한 경우가 대부분일 것입니다). 우리는 적어도 성숙하게 행동해야 한다고, 서로를 성숙한 사람으로 대해야 한다고, 그리고 우리의 행동에 따라 치러야 할 대가가 있음을 인정해야 한다고 요구할 수 있습니다. 예수, 그리고 그를 증언한 이들이 심판대에 선 이야기들을 통해, 신앙인들은 진실하지 않은 것, 비진리에 참여함으로써 치러야 할 대가야말로 가장 커다란 대가임을 압니다. 한 사람의 경우든 전체 사회의 경우든 말입니다. 이는 교회에도 마찬가지로 적용됩니다. 어떤 그리스도교 공동체가 그들이 저지른 잘못, 그들이 만들어낸 비극을 마주하기를 거부할 때, 누군가의 죽음에 애도하기를 거부할 때, 그 공동체는 진리 안에서 머물러 살아감으로써 이 세계를 집으로 삼는 삶에서 멀어지게 됩니다. 사목활동이 실패했을 때(주교로서 안타깝고 속상한 일이지만, 저는 우리의 사목활동이 얼마나 많이 실패했는지 고백해야 함을 깨닫고 있습니다), 지역교회에서 일어난 성 관련 범죄로 인해 발생한 정신적 충격에 정직하게 대처하기를 거부할 때, 공동체가 내린 결정을 거부할 때, 혹은 그렇게 내린 어떠한 결정이 정말로 우리 모두에게 해를 끼칠 것임을 받아들이지 않을 때, 교회의 영향력이 쇠락하고 있음을 받아들이지 않을 때, 혹은 특정 정책과 관련하여 교회가 혼란스러운 태도를 보이고 있음을 인정하지 않을 때, 이 모든 현실과 마주하기를 거부할 때 교회는 비진리에 빠져들고 맙니다. 이 외에도 수많은 예를 들 수 있습니다. 그러나 핵심 문제는 분명합니다. 그리스도 안에 머무는 진정한 생명은 우리에게 죽음을 직시하기를 요구합니다(신앙의 위기를 초래할 수 있는 커다란 위험, 부정직, 회피라는 '작은' 죽음 또한 죽음이라 할 수 있습니다). 마지막 장에서는 현실을 회피하는 것에 따르는 대가를 현대적인 관점에서 성찰해 봄으로써 심판대에 서기를 거부한다면 우리가 치러야 할 대가가 무엇인지, 혹은 잃는 것은 무엇인지 생각해보도록 하겠습니다.

예수여,
삶을 위대한 연극으로 만들려는 유혹에서
우리를 구원하소서.
우리의 성숙을 도우소서.
반복되는 일상의 의미를 깨닫도록 도우셔서
당신 안에 깊이 뿌리 내려
우리를 향해 다가오는 커다란 위기에서
도망하지 않게 하소서.
아멘.

심문관은 두렵고 듣기 싫은 이야기라도 좋으니 그가 무슨 말이든 해주기를 바랐다. 그러나 그는 갑자기 아무 말 없이 심문관에게 다가가 노인의 핏기 없는 입술에 조용히 입을 맞췄다.

-『카라마조프가의 형제들』中

06

말 없는 응답 - 예수와 심판관들

대심문관

심판대에 선 예수를 다룬 현대 문학 작품 중 가장 널리 알려진 이야기는 단연 도스토예프스키Fyodor Dostoevsky가 쓴 『카라마조프가의 형제들』The Brothers Karamazov에 나오는 '대심문관'The Grand Inquisitor 이야기입니다. 문학 작품을 빌려 그리스도교 신앙을 설명하려는 이들이 너무나 많이 인용한 나머지 자칫 진부하게 보일 수도 있지만, 이 탁월한 이야기는 여전히 사람들에게 충격을 가져다주며 파문을 일으킵니다. 이 이야기는 구체적인 형태를 지닌 답이 아니라 강렬하고 인상적인 장면을 독자들에게 제시합니다(그 덕분에 독자들은 그의 작품을 읽고 삶을 뒤바꿔놓을 힘을 얻기도 하지만, 어떤 독자는 냉담한 반응만을 보일지도 모릅니다). 『카라마조프가의 형제들』 5편 절정부에서 철저한 무신론자인 이반과 그의 동생이자 수련 수도사인 알료샤는 논쟁을 벌입니다. 논쟁의 초점은 하느님이 존재하느냐보다는 하느님에 대한 믿음이 도덕적으로 정당하냐는 물음에 맞춰져 있습니다. 4장 '반역'에서 이반은 별다른 죄를 짓지 않은 이들이 겪는 고통, 특히 학대받고 고문당하는 아이들의 고통을 열거합니다(이는 그리스도교인들이 섣불리 하느님의 정의나 보상을 논하는 데 대한 가장 설득력 있는 비판일 것입니다).[1] 이 장 마지막에서 이반은 알료샤에게 묻습니다.

> "네가 궁극적으로 사람들을 행복하게 해주고 그들에게 마침내 평화와 평안을 줄 목적으로 네 손으로 인류 운명의 건물을 세우고 있다 하자. 그런데 그러기 위해서는 고작 단 하나의 그저 아주 미약한 피조물 … 조그만 손으로 제 가슴을 두드리던 아이를 괴롭혀야 한다면, 그 애의 보상받을 수 없는 눈물을 재료 삼아 그 건물을 세운다면 넌 이를 받아들이고 건축에 참여할 수 있겠니?"

이에 알료샤는 "나직한 목소리로" 그렇게는 하지 못하겠다고 답합니다. 이반은 되묻습니다. 신앙이란 바로 이러한 믿음을 요구하는 것이 아니냐고, 말로 표현할 수 없고 왜 일어나는지도 알 수 없는 쓸데없는

---

1 Fyodor Dostoyevsky, *The Brothers Karamazov*, trans. David Magarshack (London: Penguin Classics, 1958), Book 5, Chapter 4 'rebellion' Volume 1, 276~288. 『카라마조프가의 형제들』(문학동네)

고통에 대한 대가로 구원을 받는 것이 아니냐고 말입니다. 알료샤는 항변합니다. 구원이라는 건물은 어떤 분노 때문에 일어난 끔찍한 사건 위에 서는 것이 아니라, 이 세계를 위해 무고한 피를 스스로 내놓은 분을 터 삼고 있다고 말이지요.[2] 이반은 이에 대한 답변으로 대심문관 이야기를 들려줍니다. 그가 보기에 타인의 이해할 수 없는 고통을 보다 견디지 못해 이를 벗어나기 위해서 예수를 찾아 호소하는 것은 참된 예수와 만나는 길이 아닙니다. 그래서 그는 하느님에 대한 고발을 이어가기 위해 대심문관이라는 독특한 인물을 활용합니다.

당시 독자들과 수많은 동방 정교회, 개신교 비평가들은 이 이야기를 통해 작가가 전체주의적인 종교를 비판하고 있다고, 그러므로 이 이야기는 근본적으로 신앙의 자유, 혹은 이념의 자유를 폭압하는 것에 대한 일종의 풍자라고 생각했습니다. 실제로 도스토예프스키는 가톨릭 체제를 몹시 싫어했고 이에 대해 냉소 어린 비판을 가한 적도 있습니다. 그러나 이 이야기를 그렇게만 보기에는 훨씬 미묘한 측면이 있습니다. 우리는 정직하게 이 이야기를 그리스도에게 유죄를 선고할 근거를 극한까지 파헤친, 일종의 '사유 실험'으로 바라보아야 합니다.

예수를 향한 반론

이야기의 무대 자체는 진부합니다(많은 이가 지적하듯 대심문관의 시대

2 위의 책, 287~288.

배경 및 인물 설정은 베르디Giuseppe Verdi의 오페라 「돈 카를로스」Don Carlos에 큰 빚을 지고 있습니다). 종교재판이 횡행하던 16세기 스페인, 그리스도가 지상에 다시 찾아와 기적을 행하고 죽은 이를 살리다 대심문관의 명령으로 체포됩니다. 한밤중 대심문관은 그가 갇힌 감옥에 찾아옵니다. 손에 들고 있던 등불을 탁자에 내려놓은 뒤 천천히 그에게 다가가 묻습니다.

"당신이 그분이오? 당신이?"[3]

이때부터 결코 진부하지 않은 이야기가 전개됩니다. 대심문관은 예수가 광야에서 받은 유혹을 언급하며 그가 "기적, 신비, 그리고 권력"을 거부했기 때문에 인류의 행복을 가로막는 적이 되었다고 주장합니다. 그가 보기에 예수는 인류의 능력을 과대평가했습니다. 대심문관은 예수가 연약한 이들이 아닌 강자들만을 염두에 두고 가르침을 전했다고 합니다(이는 일반적인 이해를 뒤집어 우리를 깜짝 놀라게 합니다). 이에 그는 자신과, 교회와 국가에 있는 자신의 협력자들이 예수가 줄 수 없는 행복을 보장하겠다고 말합니다. 대중을 기만해서라도 말이지요. 그는 사람들은 자유라는 짐을 짊어질 수 없으니 그 자신과 협력자들이 기만이라는 죄를 떠맡겠다고 말합니다. 이어서 그는 예수를 향해 묻습니다.

---

3 위의 책, 293.

"당신은 … 자유의 자식들을, 자유로운 사랑의 자식들을, 당신의 이름을 위하여 자발적이면서 위대한 희생을 감수한 자식들을 자랑스럽게 가리킬 수 있을 것이오. 하지만 그들이 겨우 수천 명에 불과하다면 결국 그들은 신과 같은 존재라고밖에는 볼 수 없소. 그러면 나머지 사람들은 어찌 되오? 강한 인간들처럼 견뎌 낼 수 없었던 나머지 허약한 사람들은 무슨 죄를 지은 것이란 말이오? 그처럼 무서운 재능을 부여받을 수 없었던 허약한 영혼은 대체 무슨 죄를 지은 것이오? 당신은 오로지 선택된 이들을 위해, 선택된 이들만을 찾아온 것은 아니오?"[4]

이렇게 말한 뒤 그는 자신은 인류 대다수를 행복하게, 죄의식이 없는 어린이들처럼 만들겠다고, 자신(인류의 통치자)들만이 비밀을 간직하고 불행해지겠다고 말합니다. 대심문관은 예수를 향해 자신도 광야를 경험해 보았음을 상기시킵니다.

"나도 광야에 있어 봤고, 메뚜기와 풀뿌리로 연명해 봤으며, 당신이 인류에 축복을 내렸던 그 자유의 축복을 받았다는 것을, 그리고 … 나도 … 당신이 선택한 사람들 속에, 강하고 능력 있는 이들에 속하고 싶은 열망 때문에 애썼던 적이 있소. 그러나 나는 꿈에서 깨어났기에 그런 미친 짓에 봉사하고 싶은 생각이 사라졌소. … 나는 연약한 이들에게

[4] 위의 책, 301.

되돌아왔던 거요. 나는 거만한 자들과 결별하고 연약한 이들의 행복을 위해 연약한 이들에게 돌아온 것이오."[5]

이 이야기에 알료샤는 당혹감을 감추지 못하며 항의합니다. 자극을 받은 이반은 지난 수백 년 동안 교회가 대심문관과 같이 인류에 연민을 느끼는 무신론자들, 하느님이 하신 것보다도 인간을 더 사랑하는 영적 지도자들의 비밀 결사체에 의해 유지되어 왔다고 말합니다. 이들이 그렇게 말할 수 있는 것은, 대중이 자유를 감당할 수 없음을 알기에 자유로운 사랑이라는 응답을 요구하지 않기 때문입니다. 알료샤가 제기하는 진부한 종교적인 반론에 맞서 이반은 대심문관을 변호합니다. 그는 대심문관이 도덕적으로 진지하며 심각한 비극에 빠져있음을, 즉 인류에 대한 사랑 때문에 진리를 포기했음을 헤아립니다. 플라톤은 『국가』The Republic에서 통치자들의 사명에 관해 이야기하며 진리를 아는 사람의 역설에 대해 묘사한 적이 있습니다. 그에 따르면 진리를 아는 사람이 이에 따라 세계를 통치하려면 오히려 진리에서 멀어져야 합니다. 그리고 그 결과 그는 자신의 행복을 희생하게 됩니다. 달리 말해 통치자는 모든 사람에게 정의를 보장하고 그들이 필요로 하는 것을 갖게 해주지만, 이를 이루기 위해서는 자신에게 정의롭지 않아야 하며 자신의 마음 깊은 곳에 갈망을 가져서는 안 됩니다. 도스토예프스키는 대

5 위의 책, 305.

심문관 이야기를 통해 이러한 주장에 박차를 가해 진리와 행복은 함께 할 수 없으므로 통치자는 자신이 통치하는 사람들이 진리를 알지 못하게 막아야만 한다고 주장합니다.

부정의 비전

대심문관은 지혜로운 사람입니다. 그는 예수를 유혹한 악마를 "무섭고 지혜가 넘치는 영, 자멸과 허무의 영"으로 묘사합니다.[6] 독자들은 상반된 것처럼 보이는 표현들이 한 데 모인 것에 불편함을 느낍니다. 어떻게 지혜가 이처럼 허무와 연결될 수 있을까요? 이반이 말했듯 이 영이 또 다른 진실(진리), 예수가 직면하지 않은 진실을 제시한다는 말은 무슨 뜻일까요? 대심문관의 이야기는 인간, 인간이 처한 조건이 진실로 암담함을 보여줍니다. 대다수 사람은 자신에게 안정감을 가져다주지 않는 이상 사랑을 하지 않고, 할 수도 없습니다. 모든 사람은 죽습니다. 대다수 사람의 삶은 고통스럽습니다. 이렇게 표면으로 드러나는 사실 아래에는 실제로 자멸과 허무가 자리하고 있습니다. 그렇기에 대심문관은 인류에게 진정으로 필요한 것은 불가능에 가까운 자유가 아니라 인간 조건의 진실로 인한 혼란과 불안을 막아줄 질서와 통제라고 말합니다. 그는 이러한 환경에서 누가 사심 없는 사랑을 할 정도로 용감하겠냐고 예수를 향해 반문합니다. 기적을 보여주지도 않고 문제

---

6 위의 책, 295.

를 해결해 주지도 않은 채 사랑과 신앙을 요구하는 것은 절망만을 낳을 뿐이라면서 말이지요.

이러한 부정의 비전negative vision을 따라 '지혜'를 마주했을 때 사람들은 명백하게 자기를 파멸로 몰고 가는 길을 택할 수 있습니다. 윌리엄 골딩William Golding이 쓴 『눈에 보이는 어둠』Darkness Visible은 어린 소녀 소피를 통해 이러한 비전이 미치는 파장을 다룹니다. 소설에서 그녀는 자라나 파멸의 지점에 이릅니다.

> 그녀는 그것에 관한 이야기를 많이 들었다. 하지만 이제야 그녀는 알게 되었다. 자신이 사람들에 속할지 말지를 선택할 수 있음을 … 혹은 참인 것, 그리고 자신이 참이라고 알고 있는 것, 곧 자신만의 바람과 규칙을 가지고 어두운 동굴 입구에 들어앉아 있는 그녀 자신을 택할 수 있음을.[7]

다시 『카라마조프가의 형제들』로 돌아가면, 이반이 대심문관 이야기를 마치자 알료샤는 그에게 인류의 환상과 행복을 위해서 노동자 무리에 합류할 것이냐고 묻습니다. 그러나 이반은 이전에 말했던 경구('모든 것은 허용된다')를 반복해서 되뇌며 자신을 불태워 서른 살까지만 살겠다고 말합니다. 그가 진실, 진리를 알게 되었으며(그렇게 그는 믿습

---

[7] William Golding, *Darkness Visible* (London: Faber, 1979), 123.

니다) 자신과 다른 이들에게 이를 감추고 싶은 마음이 전혀 없기 때문입니다.

대심문관 이야기에서 가장 유명한 장면은 이야기 마지막에 나오는 장면입니다. 항변을 마친 대심문관은 그리스도의 대답을 기다립니다.

> 심문관은 두렵고 듣기 싫은 이야기라도 좋으니 그가 무슨 말이든 해주기를 바랐다. 그러나 그는 갑자기 아무 말 없이 심문관에게 다가가 노인의 핏기 없는 입술에 조용히 입을 맞췄다. 이것이 그의 대답의 전부였다. 심문관은 소스라쳐 놀랐다. 그는 입술을 부르르 떨면서 문 쪽으로 다가가 감옥 문을 활짝 연 다음 죄수에게 말했다. "어서 나가시오. 그리고 다시는 찾아오지 마시오. … 앞으로 절대 찾아와선 안 되오. … 절대, 절대로."[8]

알료샤가 이후 심문관은 어떻게 되었냐고 묻자 이반은 답합니다.

> "그 입맞춤이 그의 가슴속에서 불타고 있지만 과거의 사상을 고수하겠지."[9]

이반은 마지막으로 분노를 토해냅니다. 그러고는 알료샤가 자신을 부

---

[8] Dostoyevsky, *The Brothers Karamazov*, 308.

[9] 위의 책.

인할 것이라고 말하면서 말을 마칩니다. 알료샤는 자리에서 일어나 형에게 다가가 이야기에 등장한 죄수가 그랬듯 말없이 그의 입술에 입을 맞춥니다.

대답 아닌 응답

대심문관 이야기는 보기보다 훨씬 더 복잡한 이야기입니다. 이 이야기는 압제와 자유에 관한 이야기가 아니라 진리(진실)와 거짓에 관한 이야기이며, 인간이란 실제로 어떠한 존재인지, 어떻게 사랑으로 현실을 감내할 수 있는지를 다루는 이야기입니다.

이반은 대심문관의 입을 빌려 피조세계를, 이 세계에서 분명하게 드러나는, 도덕적인 삶이 영위되는 방식(경제 논리를 따라 창조주가 공동의 선이라는 명목 아래 어린아이에게 가할 폭력을 계산에 넣어둔 듯한 모습)을 분노에 찬 어투로 고발합니다. 실제로, 이 층위에서 이반이 제기하는 질문에 상응하는 적절한 답이란 없습니다. 이 층위에서는 이반의 이야기를 어떻게 반박하든지 간에 경제 논리를 벗어날 수 없기 때문입니다. 아니면 알료샤가 이반의 주장을 거부하며 그랬듯, 무고한 이들이 고통받고 폭력에 시달리고 있음에도 불구하고 이 세계는 진정으로 가치가 있다는 말만을 되풀이하게 될 뿐입니다.

그러나(혹은 그래서) 도스토예프스키는 전혀 다른 방향에서 답변을 제시합니다. 먼저 그는 이반의 이야기가 옳다고 답합니다. 그는 이 세계는 정당화할 수 없으며 이러한 세계를 창조한 이도 옹호할 수 없다고 말합니다. 그렇다 하더라도 의문은 남습니다. 그러한 세계에서 우리는 '모든 것이 허용되었다'고 하면서 아무렇게나 살아야 하는 것일까요? 우리는 진정 이 세계에 아무런 변화도 불러일으키지 못하는 것일까요? 이 순간 우리는 인간을 향한 연민과 권력에 대한 갈망 사이에서 번민하던 대심문관처럼, 다른 이들이 이 세계의 진정한 본질을 알지 못하도록 애쓸 수 있습니다. 골딩의 소설에 나오는 소피처럼 이 세계를 이루는 사람들, 사물들, 사건들에 내재한 파괴성에 합류해 아무런 의미도 없는 삶을 살기로 결단할 수도 있습니다. 혹은 이반처럼 감각에 충실한 삶을 살려 할 수도 있습니다. 그러나 또 다른 길이 있습니다. 바로 죄수가 대심문관에게 건넨 입맞춤입니다. 이는 아무런 근거가 없어 보일지 모르나 또 다른 하나의 길을 제시합니다. 이 입맞춤은 이반이 이야기한 모든 것을 부정하지 않으면서도 사랑 이외에는 어떤 것에도 의지하지 않은 채 인간이 지닌 가치를 극명하게 드러냅니다.

대심문관이 이 세계와 인간을 대하는 관점은 한 가지 중요한 진실을 말하고 있습니다. 바로 이 세계가 기본적으로 죽음과 공허를 지향하며 이를 향해 움직이고 있다는 것입니다. 인류에 대한 그의 사랑은 궁극적으로 이러한 현실에서 인류를 보호하겠다는 절실한 바람이라 할 수 있습니다. 그러나 그러한 보호를 요구하지 않는 이들이, 현실로 인해 절망에 빠지지도 않고 폭력으로 응하지도 않는 이들이 있다면 대심문관은 그들을 어떻게 생각해야 할까요?

여기에 대심문관이 대처할 수 있는 길은 없습니다. 그는 자신의 언어로 답하고 싶어 합니다. 여전히 자신의 관점으로만 이 세계, 인물, 사건을 바라보려 합니다. 심지어 그 답변이 모든 것을 파멸로 몰고 가겠다는 선언이라 할지라도 말이지요. 인간에 대한 연민에서 나오는, 인간을 보호하려는 숭고한, 그러나 억압적인 대심문관의 사랑에 맞서는 길은 그보다 훨씬 더 큰 사랑, 전혀 다른 차원의 사랑이 가능하다는 것을 보여주는 것 외에는 존재하지 않습니다. 대심문관이 속한 세계는 이러한 가능성을 입막음하는 것 외에는 할 수 있는 것이 없습니다. 이러한 사랑이 진실로 이루어질 수 있다면 (대심문관이 제시한) 인류를 보호해야 할 이유가 사라지기 때문입니다. 대심문관의 비극은 끝내 자기 손으로 예수를 죽일 수 없다는 점에 있습니다. 그는 예수를 추방할 뿐 죽이지 않습니다. 이제 그의 머릿속은 예수가 자신에게 보낸 입맞춤의 기억으로 가득 차 있습니다. 그는 자신의 사유틀, 자신이 속한 전체 체제가 진리를 외면하기 위해 만들어진 것이라는 진실을 알아챘습니다. 하지만 인간의 참된 가능성을 전부 받아들이지는 못합니다.

이것이 알료샤가 이반에게 입맞춤을 한 이유입니다. 대심문관 이야기 속 죄수가 그랬듯, 알료샤의 행동은 이반이 전한 세계에 관한 이야기가 무언가 근본적인 것을 빠뜨리고 있음을 드러냅니다. 예수의 입맞춤이 왜 대심문관이 잘못되었는지를 설명하지 않듯, 알료샤의 입맞춤 역시 창조주 하느님을 변호하지 않습니다. 대신 이 입맞춤은 하느님을 변호할 수 없으며 대심문관이 옳다 해도, 여전히 현실을 (이 현실이 아무리 고통과 불안, 분노, 상심으로 가득 차 있다 하더라도) 사랑으로 바라볼 수 있음을 보여줍니다.

사랑의 대상

누군가는 『카라마조프가의 형제들』이 이야기하는 하느님이 정통 그리스도교(혹은 협소한 의미에서 동방 정교회)가 이야기하는 하느님이 아니라고 말합니다. 마찬가지 맥락에서 이반의 이야기에 나오는 인물 예수의 이면에는 하느님이 존재하지 않는다고 지적하기도 합니다. 이러한 지적은 분명 정당합니다(아마도 도스토예프스키 스스로가 알고 있던 것보다 더 그러할 것입니다). 그러나 이 작품을 통해 드러나는 하느님에 관한 이해는 (프레스콧의 소설에서) 사슬에 묶인 채 교수형을 당했던 로버트 애스크가 고백했던 하느님 이해와 연결되어 있습니다.

> 설령 하느님이 우리가 기대한 하느님이 아니라 할지라도, 설령 패배자의 모습을 하고 있을지라도, 그분은 여전히 전쟁에 패배해 고문당하는 이의 마지막 사랑이시다.[10]

달리 말하면 대심문관 이야기의 핵심은 마르코의 복음서가 제시하는 핵심 주제와 같습니다. 즉 하느님은 어떤 극한의 상황, 아무런 답도 보이지 않는 것처럼 보이는 곳에서 당신의 모습을 드러내십니다. 그리고

---

10 Prescott, *The Man on a Donkey*, 765.

그 하느님의 모습은 우리가 기대했던 그분, 우리가 이해하는 그분과는 전혀 다른 모습을 하고 있습니다.

하느님께서 그러한 곳에서 당신의 모습을 드러내신다면, 그것이 고통으로 얼룩진 세계를 끌어안는 사랑의 현실이라는 모습으로 드러난다면, 우리는 여전히 왜 세계가 이런 모습을 하고 있는지, 왜 무고한 이들이 말로는 표현할 수 없는 폭력에 노출되는지, 왜 그러한 폭력이 자행되는지에 관한 체계적인 답을 얻지는 못합니다. 다만 하느님께서 아무런 답도 보이지 않는 극한의 상황에서 당신의 모습을 드러내신다는 사실은, 헤아릴 수 없을 만큼 거대한 사랑이 값없이, 대가 없이 인류를 받아들이고 있으며 이를 받아들이고 선언하는 것만이 진리에 부합함을 알려줍니다. 어떠한 근거도 논리도 없이 그러한 사랑을 보여주는 인간의 모습을 볼 수 있을 때, 우리는 진정으로 그리고 영원히 사랑의 대상인 인간을 꿈꾸게 됩니다. 우리는 나아가 이렇게 말할 수 있습니다. 이러한 인간을 꿈꿀 때만 이반이 고뇌하고 분노하며 그리던 세상을 헤아리고 품어 안을 수 있다고 말입니다. 대심문관이 생각하듯 인간이 그저 저주받고 망상에 빠진, 기만을 되풀이하는 존재이기만 하다면, 어린아이 하나가 폭력에 희생당했다고 해서 그렇게 분노할 필요는 없지 않겠습니까?

심판자들에게는 무슨 일이 일어났는가?

대심문관이 예수를 죽일 수 없었던 이유는 아마도 인류를 향한 자신의 왜곡된 연민이 참된지 그른지가 결국 자신이 심문한 그 죄수에게 달려 있음을 알고 있었기 때문일 것입니다(이반도 이를 암시하고 있습니다). 예수를 죽이는 것은 자신이 했던 주장을 스스로 무너뜨리는 것이나 다름없었기에 그는 이를 실행에 옮기지 못했습니다. 다시 한번 강조하지만, 대심문관은 전체주의를 내세우는 악당이 아니라 매우 비극적인 인물입니다. 그렇다면 죄수를 죽인 심판관에게는 무슨 일이 일어났을까요?

앞에서 언급했듯 어떤 그리스도교 작가들은 예수와 교회의 적들이 어떠한 형벌을 받았는지 상상력을 발휘해 기록했습니다. 중세 시대에는 '구세주의 복수전'the Avengings of the Saviour이라 불리는 끔찍한 기록물들이 양산되었는데 이 글들은 모두 가야파, 빌라도 및 헤로데 안티파스가 처참한 최후를 맞았다고 전합니다.[11] 이와 관련해 신약성서는 그 전조를 보여주었는데, 유다의 충격적인 죽음을 다룬 사도행전 1장은 그 대표적인 예라 할 수 있습니다.[12] 그러나 이 불편한 문헌들을 순전히 공상에 바탕을 둔 복수 이야기라고만 치부하기는 어렵습니다. 이 문학 작품들은 자신을 정죄한 심판자들에게 예수가 어떠한 영향을 미쳤느

---

11 이에 관련된 예들은 여기서 찾아볼 수 있습니다. M.R. James, *The Apocryphal New Testament*, corrected edition (Oxford: Clarendon Press, 1953), 155 이하.

12 "그는 주님을 판 돈으로 밭을 샀습니다. 그러나 그는 땅에 거꾸러져서 배가 갈라져 내장이 온통 터져 나왔습니다". (사도 1:18)

냐는 진지한 물음이 담겨 있기 때문입니다. 『카라마조프가의 형제들』에서 대심문관은 예수에 대한 유죄 선고가 궁극적으로는 자기 자신을 향한 유죄 선고임을 알고 있는 것 같습니다. 이러한 면에서 그가 침묵하며 죄수의 대답을 기다리는 장면은 이 우화에서 가장 많은 깨우침을 주는 순간 중 하나로 꼽을 만합니다.

예수를 심판한 이의 운명을 더욱 세밀하게 탐구한 저작으로 또 다른 러시아 소설가 미하일 불가코프Mikhail Bulgakov의 걸작 『거장과 마르가리타』The Master and Margarita를 들 수 있습니다. 이 풍자가 가득하고 초현실적인 소설의 줄거리를 온전히 요약하기란 불가능에 가깝습니다. 전체 소설은 스탈린이 통치하던 시기 모스크바를 그린 풍경과 수난 서사를 재구성한 소설이 씨줄과 날줄로 엮여 있으며, 모스크바에 찾아와 몇 주 동안 머물던 악마와 소설 제목에 등장하는 '거장'이 번갈아 화자가 되어 이야기를 전개합니다. 반체제 소설가인 '거장'은 체제의 교묘한 위협과 압박 때문에 괴로워하다가 정신 병원에 들어갑니다. 그러나 그는 남몰래 쓰고 있는, 그리스도를 주제로 한 소설에서 제기되는 질문들을 차마 떨쳐내지 못합니다.

소설은 다양한 층위에서 전개됩니다. 수난 이야기를 다룬 장들은 비밀 수행원들의 활동, 은밀하고도 교묘한 살인, 모든 권력을 지녔던 카이사르에 대한 이야기 등이 촘촘히 얽혀 스탈린의 폭정을 에둘러 비판할 뿐 아니라, 비겁함과 배신으로 인한 고통과 상상을 중시하는 삶을 몰아내려는 압박에 따르는 고뇌를 성찰합니다. 이를 통해 불가코프는 스탈린 통치 체제에 순응하지 않는 지성인으로서 자신이 겪는 갈등과 실패에 대해 이야기할 뿐 아니라 체제가 공공연히 드러내는 경악스러울 정도의 어리석음을 풍자합니다. 그러므로 소설에 등장하는 빌라도는 소설가 자신, 그리고 소설가의 적들인 국가 관료체제를 동시에 상징합니다. 불가코프는 이 인물을 통해 진리를 한 번 부정했던 이가 다시 한번 기회를 얻을 수 있는지 질문을 던집니다.

끝나지 않은 빌라도의 대화

소설 속 빌라도는 거칠고 무자비한 인물입니다. 자신의 개에게만 관심을 쏟는 고독한 그는 끔찍한 편두통을 앓고 있습니다. 한편 예수는 다소 어눌한, 총독을 포함해 모든 사람을 '선한 사람'이라고 말하는 '성스러운 바보'holy simpleton로 묘사됩니다.* 이렇게 독자의 통념과는 사뭇 다르게 인물을 설정한 뒤 불가코프는 요한의 복음서에 나오는 예수(예수아 하-노츠리)와 빌라도가 나눈, 진리에 관한 대화를 재구성합니다. 예수를 향해 빌라도는 말합니다.

"부랑자여, 너는 어째서 진리에 관해 이야기하며 시장의 군중을 어지

* 러시아어로는 '유로지비'юродивый로 러시아 정교회에서 바라본 그리스도의 이상적 형상을 뜻한다. 14세기경부터 적잖은 사람들이 걸인이나 광인 행세를 하면서 소극적인 차원에서는 금욕주의적 행동, 자기 비하, 의도적인 광인행세를, 적극적인 차원에서는 이 세계의 이면을 조소하고 조롱하는 행동을 취했다. 러시아 문학작품에서도 '성스러운 바보'를 연상시키는 인물들이 종종 등장했는데 도스토예프스키의 작품 『백치』The Idiot의 주인공 미쉬킨은 그 대표적인 예라 할 수 있다.

럽히는가? 그 진리에 관해 너 자신도 아무것도 모르지 않느냐. 진리란 무엇이냐?"

그리고 여기서 총독은 생각했다. '오오, 신들이시여! 나는 재판에 필요 없는 질문을 하고 있다. … 내 이성이 더 이상 나를 따르지 않는구나. …' 그리고 또다시 그의 머릿속에 검은 액체를 담은 술잔의 모습이 떠올랐다. '독약을, 내게 독약을…'

그리고 그는 다시 목소리를 들었다.

"진리란 무엇보다도, 당신은 머리가 아프고, 너무나 아파서 무기력하게 죽음을 생각하고 있다는 것입니다. 당신은 나와 이야기할 기운이 없을뿐더러 심지어 나를 쳐다보는 것조차 힘들어합니다. 지금 나는 뜻하지 않게 당신의 형리刑吏, torturer가 되어 버렸고 그 때문에 슬픕니다. 당신은 무엇인가 생각하는 것조차 괴로워하고 아마도 유일하게 애착을 느끼는 존재, 그러니까 당신의 개가 와 주기만을 바랄 뿐입니다. 그러나 괴로움은 이제 곧 끝날 것입니다. 두통은 사라질 것입니다."[13]

이는 분명 요한의 복음서에 나오는 대화를 경박하게 재구성한 것입니다. 이 순간 진실(진리)은 빌라도가 고통을 겪고 있다는 것이며 총독 앞에 서 있는, 누추한 행색을 한 젊은 철학자는 바로 이 진실만을 중요하게 여깁니다. 이를 통해 드러나는 진실은 빌라도가 죄수인 예수아로

13 Mikhail Bulgakov, The Master and Margarita, trans. Richard Pevear and Larissa Volokhonsky (London: Penguin, 1997), 24. 『거장과 마르가리타』(민음사)

인해 고통을 받음과 동시에 위로를 받는다는 것입니다. 대사제의 종용으로 사형선고를 내릴 때 이로 인해 엄청난 일이 발생하리라는 것을 그는 압니다. 이후 그는 자신이 겪는 괴로움을 부정하려 애씁니다.

> 우울함이 그를 덮쳐 왔다. 총독은 아침의 지옥 같은 고통에 비하면 이제는 그저 둔하고 조금 욱신거릴 뿐인 관자놀이를 문지르며 자신의 영혼이 왜 이토록 고통스러운지 납득하려 전력을 다했다. 사실 그는 그 이유를 잘 알았지만 지금 자기 자신을 기만하려 애쓰는 것이었다. 오늘 낮에 뭔가를 돌이킬 수 없이 놓쳐 버렸다는 사실이 이제 분명해졌고, 그 놓친 것을 지금 어떤 하찮고 보잘것없으며 무엇보다도 뒤늦은 행위로 바로잡으려는 것이다.[14]

이에 그는 자신이 억지로 한 일을 작게나마 설욕하기 위해 가리옷 유다를 암살할 계획을 세웁니다. 빌라도는 결국 어떻게 되었을까요? 불가코프는 빌라도의 망령이 출몰한다는 알프스의 한 산에 관한 중세 전설에서 착상을 빌려와 이를 가슴 저미는 이야기로 바꿔놓습니다. 소설에서 빌라도는 그 산 정상에 그가 기르던 개와 단둘이 영원히 앉아 잠들어 있습니다. 그러다 (유월절 때 그랬듯) 보름달이 떠오르면 잠에서 깨어납니다. 소설 마지막 즈음에 거장의 내연녀 마르가리타는 이런 빌라

[14] 위의 책, 310.

도의 모습을 바라봅니다.

> 마르가리타는 앉아 있는 사람이 마치 눈이 보이지 않는다는 듯 이따금 양손을 비비고 그 보지 못하는 눈으로 둥근 달을 주시하는 것을 바라보았다.

마르가리타가 악마에게 빌라도가 무엇을 하고 있느냐고 묻자 악마는 말해줍니다.

> "이천 년 가까이 평원에 앉아서, 잠들어 있다가 보시다시피 만월이 떠오르면 불면증에 시달립니다. … 그는 같은 말을 되풀이하고 있습니다. … 달빛 앞에서도 그에게 평안이란 없다고, 그리고 자신에게 좋지 못한 임무가 주어졌다고 말입니다. 잠들 수 없을 때는 항상 그렇게 말하고, 또 잠들어 있을 때는 항상 똑같이 꿈속에서 달빛으로 만들어진 길을 보고 그 길을 걸어 죄수 하-노츠리와 이야기하고 싶어 하지요. 왜냐하면, 그가 확신하는 것처럼, 오래전 그때, 봄의 니산 달 제14일에 뭔가 다 이야기하지 못한 것이 있기 때문입니다."[15]

예수아와 나눈 대화는 빌라도의 삶에서 거대한 기회를 잃은 순간이

---

15 위의 책, 381.

었습니다. 그뿐만 아니라 대화가 시작은 했으나 끝을 보지 못하고 중단됨으로써 그는 영원히 이 세계와 저 세계 사이에서, 고통과 혼란의 순간에 얼어붙은 채로 살게 되었습니다. 이 굴레에서 벗어나려면, 그의 역사가 계속되려면 그는 그 '철학자'와 다시 한번 만나 대화해야 합니다. 무슨 말을 건네야 할지 전혀 알지 못하더라도 말입니다. 그러나 신비롭게도 그에게 희망은 남아 있습니다.

소설 속에서 활동하는 초자연적인 세력과 기이한 만남을 갖는 동안, 마르가리타는 절망에 빠진 영혼을 위해 수차례 악마와 교섭하고 그에게 간청합니다. 그러나 빌라도를 놓아달라는 그녀의 말에 악마는 다음과 같이 답할 뿐입니다.

> "그를 위해 청원할 필요는 없습니다, 마르가리타. 왜냐하면 그가 그렇게 이야기하고 싶어서 애쓰는 바로 그 사람이 이미 청원을 했으니 말입니다."[16]

악마는 거장에게 이제 한 마디로 소설을 끝낼 수 있다고 말합니다. 이에 거장은 빌라도를 향해 큰소리로 외칩니다.

> "자유다 자유! 그가 너를 기다린다!"

---

16 위의 책, 382.

거장의 목소리는 우렛소리로 바뀌고 이 소리에 산은 무너지고 빌라도가 오랫동안 기다려온 달빛의 길이 열립니다. 이제 그와 그의 개는 길 위를 달려갑니다. 심판과 배신으로 인해 중단되었던, 가장 중요한 대화를 다시 시작하기 위해서 말이지요.

> 핏빛 안감을 댄 흰 외투를 입은 사람은 의자에서 일어나 목쉬고 갈라진 소리로 뭔가 외쳤다. 그가 우는지 웃는지, 무슨 말을 외치는지는 구분할 수 없었다. 오직 보이는 것은 충직한 경비견의 뒤를 따라 그도 달빛의 길 위를 맹렬하게 달리기 시작했다는 것뿐이었다.[17]

평화와 빛

불가코프의 의도에 따라 빌라도의 운명은 거장, 그리고 마르가리타의 운명과 나란히 놓입니다. 그러나 거장은 '평화'는 허락받되 '빛'은 허락받지 못합니다. 예수아가 있는 곳, 즉 쏟아져 내리는 빛 속으로 들어가도록, 연옥 같을지도 모르지만 포기해서는 안 될 진리와의 생생한 대화로 나아가도록 허락받은 이는 거장이 아니라 빌라도입니다.

거장과 그를 사랑하는 마르가리타는 "영원한 집"에 머물러 살게 됩니다. 그곳은 고요하고 평온하며 포도 넝쿨로 둘러싸여 있습니다. 이곳에서는 낮이면 꽃망울을 터뜨리는 벚나무 아래를 거닐고, 밤에는 슈

---

17 위의 책, 382~3.

베르트의 음악을 들으며 촛불 아래 거위 털로 만든 펜으로 글을 쓸 수 있습니다.[18] 고통에 시달리던 소설가에게 "영원한 집"은 그런대로 해방의 공간이라 할 수 있습니다. 그러나 불가코프(그는 이 내용이 담긴 장의 제목을 '용서와 영원한 피난처'로 지었습니다)는 예수아와 만남을 통해 이루어지는 새로운 창조로서의 해방과 완전한 안정, 우리가 집에 있을 때 느끼는 가장 깊은 편안함을 영속화하는 것으로서의 해방은 구별됨을 분명하게 그려냅니다. 빌라도의 운명이 어느 정도 열려 있는 반면 거장의 운명은 닫혀 있습니다. 이들의 운명을 결정하는 힘은 빌라도에게서는 아픔과 갈망을 엿보았으나 거장에게서는 결정적으로 중요한 무언가를 거부하고 있는 모습을 엿보았습니다. 이는 소설에서 계속 등장하는 주제, 비겁함cowardice의 본성과 밀접한 연관이 있습니다. 물론 비겁함조차 마지막에서는 커다란 동정의 대상이 됩니다. 그러나 비겁함은 여전히 빛과 변혁에 도달하지 못하게 하는 장벽입니다. 마르가리타의 경우 그녀는 자신의 궁극적이고 가장 거대한 선으로서 거장에 대한 사랑을 택합니다. 그녀가 만나게 될 미래는 거장이 자는 동안 그를 "지키는 것"이며 그의 기억이 '평화로운' 영원한 현재 속으로 서서히 사라지는 동안 그와 함께하는 것입니다. 여기에 어떤 정죄의 흔적은 없습니다. 그러나 이들의 운명이 진리가 아니라는 점은 전혀 바뀌지 않습니다. 그렇기에 우리는 이들의 모습을 보며 마냥 안도할 수 없습니다.

---

18 위의 책, 384~385.

거장의 운명을 통해 불가코프는 협박을 받을 때 사람들이 내린 선택, 특히 억압 가운데 그들이 진리라고 알고 있는 것과 이와 상반되는 것 중 하나를 택해야 하는 상황에 처해 있을 때, 진리의 편에 섬으로써 그들이 얻는 유익이란 아무것도 없을 때 내린 선택의 결과를 성찰합니다. 일반적인 의미로 보자면, 돌아서기를 두려워하는 비겁함이나 권위적으로 보이는 것들을 거부하지 못하는 비겁함(거장은, 불가코프 자신이 그의 소설 초고를 불태워버리고 수십 년 동안 원고를 숨겨왔던 것처럼, 빌라도를 다룬 그의 소설을 불태웠습니다)은 지옥에 떨어질 천벌을 받을 만한 일은 아닙니다. 하지만 비겁한 자는 우그러진 세계, 곧 구원이 가져오는 변화가 조금도 없는 세계, 삶을 건 흥정을 이미 끝마친 세계에서 살아가야 합니다.

진리를 따르는 위험을 감내하기

요한의 복음서를 살펴보면 예수의 재판을 통해 우리에게 제기된 질문들은 모두 한 가지 문제와 관계가 있음을 알 수 있습니다. 과연 우리는 예수가 있는 곳에 함께 있기를 바라느냐, 그렇지 않느냐는 것입니다. 두려움에 빠져 다른 곳에 있으려 할 때 우리는 실패합니다. 불가코프는 『거장과 마르가리타』를 통해 예수와 함께하기를 거절할 때 치러야 할 대가는 빛이 없는 평화에 머무르는 것, 현실이 새롭게 창조되지 않는 휴식과 사면임을 보여줍니다. 거장의 경우 자비심 어린 해방을 얻지만, 예술과 인간적 사랑이 주는 위안에 머물러 있을 뿐입니다. 소설 속에는 이러한 것들이 악하거나 하찮은 것이라고 말하는 어떠한 암시도 없습니다. 그러나 불가코프는 이러한 것들이 더욱 커다란 대가를 요구하는 진리에 맞서는 수단으로 쓰일 수 있으며 이를 통해 도달하는 곳은 일종의 도덕적이고 영적인 그늘진 피난처일 뿐이라고 지적합니다. 거장이 추구한 평화, 예술, 인간적 사랑 같은 것들의 문제점은 대심문관의 인류를 향한 연민이 지닌 문제와 동일합니다. 인간의 온전한 가능성을 펼치려면 막대한 위험을 감내해야 하기는 하지만, 거장과 대심문관은 인간이 그 실제 가능성보다 더 적은 가능성을 가지고 있다고 믿습니다. 이러한 맥락에서 예수가 심판대에 설 때 진정으로 심판대에 서는 것은 인간에게 위안을 가져다주는 모든 것이라고 해야 할지도 모르겠습니다.

마르코의 복음서가 주목하는 것은 종교가 가져다주는 위안입니다. 마르코는 하느님이 결국에는 우리가 세운 이론과 기대에 따라 움직이리라는 오만함, 그분의 초월이 실제로는 인간이 세운 우선순위와 그들이 이해하는 희망과 욕망을 건드리지 않으리라는 확신을 심판대에 세웁니다. 마태오가 이야기하려는 바는 무엇이었습니까? 그는 하느님의 지혜가 현실에 가져다주는 충격을 거부한 채 자신의 지혜에 기대 위안을 얻으려는 성향, 점점 더 하느님에게서 벗어나 종교적 언어와 종교적 행동을 통달하여 피아식별을 하려는 경향이 심판대에 서야 할 진정한 피고인이라고 말합니다.

루가는 낯선 이들의 목소리에 귀를 막은 채 누구의 목소리가 중요하고 중요하지 않은지를 오만하게 재단하며 스스로를 '내부인'으로 여김으로써 안정과 위안을 얻으려는 태도를 취조합니다. 마지막으로 요한은 이러한 논의들을 더 확장해, 우리의 의지와 망상으로 세워진 세계에 맞서 하느님께서 사랑하시는 세계, 우리가 집으로 여겨 이와 함께 그 안에 머물도록 부름받은 세계를 제시합니다. 이로써 그는 우리가 실제로 있는 세계에 있지 않으려는 경향, 우리가 다스리는 세계에 머물러 위안을 얻는 경향을 심판대에 세웁니다.

순교자들의 역사는 때로 흠이 있고 판단의 여지를 남겼지만, 이를 통해 우리는 우그러지고 왜곡된 세계를 받아들이게 하려는 유혹이 얼마나 큰지, 그리고 이를 거부할 때 치러야 할 대가 또한 얼마나 크고 고통스러운지를 알 수 있습니다. 마지막으로 예수를 심판했던 이들이 어떠한 운명을 맞이했는지 그려 본 이야기들은 인간의 온전한 가능성을 거부함으로써 치러야 하는 대가가 진정 우리가 통제할 수 없는 현실까지를 껴안음으로써 발생하는 고통이라는 대가보다 큰지 우리에게 묻습니다.

십자가의 시험

지금까지 살핀 이야기들을 집약해서 보여주는, 중세 후기와 종교개혁 시기 쓰인 라틴어 표현이 있습니다. 바로 '엑스페리멘툼 크루시스'experimentum crucis입니다. 문자 그대로 풀어 쓰면 '십자가의 경험'The experience of the cross을 뜻하지만 그 뜻을 좀 더 분명하게 풀어보자면 '십자가의 시험'the test of the cross, '십자가의 실험'the experiment of the cross, 곧 예수의 십자가에 비추어 우리의 자기 이해를 시험하고 검증함을 뜻합니다. 예수의 십자가를 다룬 많은 신학적 탐구에서 다소 안타까운 점은 (물론 의도하지는 않았겠지만) 순전히 혹은 단순히 예수의 십자가 사건을 통해 우리에게 이루어진 것이 무엇인지에만 주의를 돌리게 하는 듯한 인상을 준다는 점입니다. 이 경우 우리의 정체성, 우리의 행동으로 인해 예수의 십자가 사건이 일어났다는 점을 간과하게 됩니다.

십자가 사건은 단순히 현상적인 측면에서 우리의 빚을 청산한 사건이 아닙니다. 물론 예수의 수난을 우리의 노력과는 무관한, 우리를 새롭게 하기 위해, 그리고 우리를 치유하기 위해 자유로이, 값없이 이루어진 활동으로 이해하는 것은 그리스도교 신앙의 핵심이라 할 수 있습니다. 그러나 우리 안에 치유가 필요한 부분이 무엇인지를 마음으로, 정신으로 받아들일 때만 십자가가 우리를 치유하고 새롭게 할 것입니다. 수난의 역사에 관해, 특히 복음서의 재판 이야기들에 관해 깊이 성찰하는 것이 중요한 이유는 바로 이 때문입니다. 지금까지 거듭 살펴본 이야기들이 우리에게 건네는 것은 모두 우리가 과연 누구냐는 물음입니다. 네 편의 복음서 속 재판관들이 다양한 방식으로 예수에게 가한 심문을 통하여 우리는 예수, 그가 누구냐고 묻습니다. 이때 우리는 우리가 어디로부터 오는지, 곧 무엇이 피고석에 서 있는 저 죄수를 두려워하게 하는지 알게 됩니다.

이런 두려움들이 어떻게 작용하는지 알게 되는 순간, 우리는 이러한 두려움들이 우리가 살고 있는 이 세계에서, 우리가 맺고 있는 관계들 사이에 어떻게 퍼져 활개 치고 있는지 더 잘 알 수 있게 됩니다. 예수에 대한 재판은 오늘날 현실에서도 재현re-enact되고 있습니다. '엑스페리멘툼 크루시스', 십자가의 시험은 낯선 이들, 외부인들과의 만남으로 야기되는 크고 작은 위기들을 통해 우리에게 다가오고 있습니다. 교회가 스스로 신앙의 대상이 되지 않으려고 끊임없이 분투할 때 예수에 대한 재판은 지금, 여기의 사건이 됩니다. 평화라 여기는 것을 위해 예수를 배반하는 일은 오늘날에도 얼마든지 일어날 수 있습니다. 이 책의 목적은 바로 이를 성찰하고 대비하는 것입니다.

부활을 이해하기

누군가는 이 책이 부활을 거의 다루지 않는다고 생각할지 모르겠습니다. 어떤 의미에서는 그렇기도 합니다. 이런 맥락에서 누군가는 이 책의 핵심 내용이 진리가 대가나 보상에 대한 아무런 희망도 품지 않기를 요구한다는 것, 진실과 진리에 충실하기 위해서는 궁극적으로 모든 인간적 열망을 죽여야 한다는 것이라고 생각할지도 모르겠습니다. 그러나 이러한 생각은 그리스도께서 보이신 거룩함이라기보다는 금욕적 영웅주의에 가깝습니다. 이러한 맥락에서 많은 그리스도교인은 어려운, 그리고 곤란한 문제와 마주하게 됩니다. 그것은 바로 그리스도교인들이 부활과 치유를 이야기하면 할수록, 그리스도교가 선포하는 복음이 이 세계가 제시하는 또 다른 형태의 윤리(지금은 고통을 겪지만, 먼 훗날 이에 대한 커다란 보상을 받을 것이라는 식)로 격하될 위험을 안게 된다는 것입니다. 그러나 부활을 이야기하기를 거부할 때 발생하는 문제도 이에 못지않습니다. 그리스도교는 단 한 번도 십자가 사건을 부활에서 떼어내 이야기하지 않았습니다. 십자가 사건은 승리 가운데 부활한 이로 선포된 이가 누구인지를 말해줍니다. 우리는 갓 태어난 교회의 첫 번째 고백이 부활한 이에 대한 찬미였음을 기억해야 합니다. 오늘날 그리스도교인들이 부활을 이야기할 때 어려움을 겪는 이유는 부활이 초대 교회에 보여준 생생하고도 새로운 지평을 감지하는 능력을 상실한 점에 있습니다. 복음서 이야기들을 살펴보더라도 부활은 무엇보다 기대하던 바가 단순히 이루어진 사건, 그전부터 이야기하고 믿어온 바를 확인하게 해주는 사건이 아니었습니다. 부활은 신비롭고도 당혹스러운 사건, 당시 예수를 따르던 이들의 기대를 철저하게 뒤엎은 사건, 그들을 심판대에 서게 해 기존의 앎과 기대에 심판을 내린 사건이었습니다. 당시 그리스도교인들은 부활을 비극의 반전이나 행복한 결말이 아니라, 너무나 명백히 자리하고 있는 궁극적인 어둠, 상실과 죽음으로부터 찾아온 선물로 이해했습니다.

부활이 우리에게도 그러한 것이라면, 우리는 곧장 결론에 도달하기 위해 서두를 것이 아니라 그 과정을 삶으로 겪어내야만 합니다. 부활 신앙은 '엑스페리멘툼 크루시스', 십자가의 경험과 불가분의 관계를 맺고 있습니다. '십자가의 시험'을 통해 우리의 비진리는 발가벗겨지고, 우리 자신에 대한, 우리가 하느님 앞에 서 있다는 확고한(그래서 왜곡된) 상像에서 비롯되는 안정을 포기하게 됩니다. 심판대에 선 죄수와 마주해 우리가 지혜롭다는, 우리가 온전하다는 오만한 확신이 사라질 때, 우리가 여전히 두려워 머뭇거리며 온갖 방법으로 그를 배신하고 정죄할 수 있음을 깨달을 때, 복음서가 증언한 예수는 훨씬 더 짙은 밀도로, 과거의 일이 아닌 지금 여기, 현실을 향해 다가옵니다.

예수를 통해 하느님의 절대적인 우선성과 타자성을 깨닫게 되면, 가장 분명히 알고 있다고 생각하던 우리 자신, 가장 분명해 보이던 우리의 자원들이 모두 물음의 대상이 될 것입니다. 그러나 동시에 우리는 비로소 결코 고갈되지 않고, 그 무엇도 멈춰 세울 수 없는 활동을, 창조주 하느님의 활동을 예수에게서 충만하게 보게 될 것입니다. 이 책에서 '환대하는' 진리라 부른, 우리에게 모습을 드러낸 사건들, 이 세계를 집으로 여기고 머무는 가능성이 현실화된 사건들은 역사 속 어느 순간에만 일어난 것이 아닙니다. 이는 하느님의 실재가 인간이 벌이는 모든 행위의 망을 꿰뚫고 들어와 우리를 맞이하는 지점입니다. 바로 이 지점에 서 있을 때 우리는 비로소 부활의 의미를 헤아릴 수 있습니다. 어떠한 폭력이나 죽음도 예수를 통해 드러나는 하느님의 활동을 끝낼 수 없으며 소멸시킬 수 없습니다. 궁극적으로 예수의 법정 이야기, 그리고 십자가에서 죽음을 맞이한 이야기는 인간의 사악함과 이에 대한 한 영웅의 저항과 비참한 최후를 다룬 이야기가 아닙니다. 이 이야기는 우리가 하느님을 엿볼 수 있게 해주는 이야기입니다. 심판대에 선 예수, 십자가 위의 예수를 통해 엿보게 되는 하느님은 우리와 철저하게 다른 분이며, 우리의 기대를 철저하게 거스르는 분입니다. 그분은 그때까지 그분을 가리키던 우리 언어의 한계를 깨닫게 합니다. 최초의 그리스도교인들이 예수가 살아계신다고, (비록 기이할지라도) 알아볼 수 있는 모습으로 그들을 만나 주셨다고 선포했을 때 그들은 심판대에서 드러난 진리를 삶으로 완수하고 있는 것이라 할 수 있습니다. 우리를 심판하시는 하느님의 활동은, 언제나 그랬듯 지금도 계속되고 있습니다. 하느님은 예수 안에서 계속하여 활동하셨으며, 그가 고난당하고 버림받을 때도 늘 함께하셨습니다. 그 하느님은 예수를 통하여 계속하여 활동하시기를 결코 그치지 않으실 것입니다.

부활한 예수와의 만남은 초기 그리스도교인들로 하여금 심판과 수난 이야기를 다시 살피고 새로이 이야기하게 했습니다. 수난 이야기들은 부활 기사들이, 도전받고 방해받을 위험이 조금도 없는 승리에 도취한 그리스도교 신앙을 옹호하는 이야기로 변질될 때 이를 점검하는 역할을 맡았습니다. 역사를 보면, 이 모든 것은 받아들이기 힘든 것이었으며, 받아들인다 해도 사람들은 혼란에 빠지곤 했습니다.

그런데 오늘날 그리스도교인들은 불가피하게 처음부터 부활 신앙으로 신앙생활을 시작합니다. 세례를 받을 때, 그리고 이 세상에서 자신이 그리스도교인임을 알릴 때 꼭 부활에 대한 신앙 고백이 따르기 때문입니다. 바로 이 때문에 오늘날 우리는 부활을 너무나 당연한 사건처럼 여길 수 있습니다. 이는 매우 위험한 일입니다. 예수의 부활이 참으로 낯선 사건임을 경험하려면 먼저 심판대에 선 예수 앞에 서야만 합니다. 심판대에서 우리를 향해 다가오는 질문과 마주했을 때, 그리고 그 의미에 깊이 빠져들 때 우리는 예수의 부활이 어떻게 새로운 지평을 창조해내는지를 좀 더 잘 헤아릴 수 있게 됩니다. 더 나아가, 왜 신약성서가 우리에게 주어졌는지, 그리고 교회와 신경이 있는지를 좀 더 잘 이해할 수 있게 됩니다.

피할 수 없는 만남

그리스도교가 전하는 복음은 단순히 우리가 죄에서 구원을 받았다고, 혹은 우리의 죄가 사라졌다고 말하지 않습니다. 복음은 우리가 어떤 존재인지, 만남 곧 관계를 통해 어떤 존재가 되어야 하는지를 알아야 한다고 이야기합니다. 인간의 정체성은 어떠한 방식으로든 만남과 대화를 통해 구성됩니다. 여기에 복음은 한 가지 소식을 덧붙입니다. 인간을 이루는 정체성의 가장 진정한 핵심을 발견하기 위해서는 피할 수 없는 한 만남이 있다고, 반드시 나누어야 할 가장 중요한 대화가 있다고 말입니다. 이를 그저 일반적인 의미에서 하느님과의 만남이라고 표현하는 것으로는 부족합니다. 이때 만나게 되는 하느님은 무력하게 된 하느님, 인간 세계와 그 체제와 마주하여 버림받고 소외된 하느님이기 때문입니다. 바로 이 점에서, 하느님과의 만남이라는 사건은 다른 무엇보다, 우리에게 도전을 일으키는 외부자들, 그리고 희생자들과의 만남과 연결됩니다.

복음서, 교회의 역사, 도스토예프스키와 불가코프와 같은 소설가들이 상상력을 발휘해 만들어낸 작품들은 모두 우리가 심판대에 선 예수와의 만남과 대화를 회피하기 위해 사용하는 갖가지 책략과 이로 인해 치르게 되는 대가를 다루고 있습니다. 그것이 무엇이든 우리가 우리 자신의 이해의 한계를 직시하도록 추동하는 것, 우리 자신을 낯설어 보이게 하는 것은 심판대에 선 예수를 회피하려는 우리의 욕망에 도전하고 이를 멈추게 할 수 있습니다. 이는 우리가 스스로 극단적인 상황으로 우리를 내몰아 자신을 시험해 보아야 한다는 말이 아닙니다. 우리는 우리가 받는 시험을 스스로 좌지우지하려 해서는 안 됩니다. 이는 매우 중요합니다. 우리가 스스로를 시험할 때 우리는 우리가 친숙하게 여기는 세계의 영역에 안주하게 될 뿐 아니라 우리의 삶을 극적으로 몰아가려는 경향을 부추기게 되기 때문입니다. 이는 '십자가의 실험'이 요구하는 진실함을 가장 심각하게 거스르는 일이라 하지 않을 수 없습니다.

우리가 직면해야 할 시험을 마음대로 주무를 수는 없지만, (어떤 의미에서) 시험에 맞닥뜨릴 때까지 이를 위해 준비할 수는 있습니다. 날마다 심판대에 선 예수와 함께 심판대에 서고, 인간 세계와 우리 자신에 대한 우리의 상, 우리의 행동과 우리가 내리는 정의들에 의문을 던지는 법을 익히며, 언제나 우리 자신을 주도면밀하게 살피는 습관을 들일 때 우리는 이를 예비할 수 있습니다.

심판대에 선 예수와 만날 때 가장 중요한 한 가지는 기꺼이 침묵을 감내하는 것, 곧 예수의 침묵이 우리를 사로잡게 하고 우리를 바라보는 그의 시선을 느끼는 것입니다. 이와 관련해 루가는 우리의 낯을 화끈거리게 하는 장면을 자신의 복음서에 담았습니다. 베드로가 예수를 배신한 사건을 갈무리하며 그는 전합니다.

> 주님께서 돌아서서 베드로를 똑바로 보셨다. 베드로는, 주님께서 자기에게 "오늘 닭이 울기 전에, 네가 세 번 나를 모른다고 할 것이다" 하신 그 말씀이 생각났다. (루가 22:61)

여기서 루가는 별다른 의미 없이 단순히 예수가 (대사제의 집으로 가며) 뜰을 지나가는 모습을 그리고자 했는지도 모릅니다. 혹은 닭이 우는 소리가 베드로에게 미친 영향을 추측해 쓴 것일지도 모르겠습니다. 베드로의 기억이 살아나려 할 때 예수가 이를 알아채고 꿰뚫어 본 것처럼 말이지요. 그러나 이러한 논의는 그다지 중요하지 않습니다. 이 모든 이야기와 이에 관한 우리의 모든 묵상과 해석에서 가장 중요한 점은 여기서, 곧 예수가 자신을 드러냈을 때 우리가 우리 자신을 보기에 앞서 그가 먼저 우리를 본다는 것을 깨닫는 것입니다. 우리는 지금껏 우리가 활동하고, 우리가 질문하고, 우리가 보고, 우리가 탐구한다고 생각했습니다. 그러나 어느 순간, 우리는 활동하는 이가 우리가 아닌 다른 누군가임을 깨닫게 됩니다. 그 누군가가 우리에게 영향을 주며 활동하고 있음을, 그 누군가가 우리를 보고 있음을, 그리고 그 누군가가 우리를 시험하고 있음을 말입니다.

거듭 이야기했듯 예수의 법정 이야기는 그가 실제로 무엇을 했는지 세세한 사실들을 한데 모아놓은 이야기가 아닙니다. 이 이야기는 그가 누구인지를, 예수의 정체가 무엇인지를 분명하게 보여주는 이야기입니다. 예수가 누구냐, 예수의 정체가 무엇이냐는 질문에 복음서가 어떻게 답하는지를 볼 때, 예수의 눈앞에서 우리의 정체가 밝혀지고 우리는 우리 자신이 누구인지를 보게 됩니다. 구약성서는 인간이 과연 하느님을 볼 수 있는지, 그리고 그분을 뵙고도 살 수 있는지를 묻습니다. 복음서의 재판 이야기들은 우리에게 또 다른 질문을 제기합니다. 하느님이 우리를 보시더라도 우리가 살아남을 수 있겠냐고 말입니다.

우리는 그럴 수 없습니다. 좀 더 엄밀히 말하면, 우리가 만족하는 '우리' 혹은 '나'를 하느님께서 보실 때, 그 '우리' 혹은 '나'는 결코 살 수 없습니다. 재판이 끝나면, 우리는 진리 앞에 무릎 꿇어야 합니다. 생명과 새로운 삶을 주는 유일한 힘인 그분의 손에 우리를 맡겨야 합니다. 이렇게 하기 위해서는 익숙하지 않은 신뢰가 있어야 합니다. 그리고 이 신뢰는 우리가 사랑받고 있음을 깨닫고 이를 받아들일 때만 이루어질 수 있습니다. 살아있는 진리는 우리의 응답을 갈망하고 있습니다.

"자유다 자유! 그가 너를 기다린다!"

당신은 이제 자유롭습니다. 그가 당신을 기다립니다.

예수여,

당신이 우리를 심판할 수 있도록

당신 앞에 설 용기를 주소서.

당신이 우리를 사랑할 수 있도록

당신 앞에 설 용기를 주소서.

죽음에서 부활하셔서, 우리에게 다가오실 때

두려워하지 말라는 당신의 음성을 듣고

이에 응답할 수 있도록

우리를 도우소서.

아멘.

이 지상에서 많은 것이 우리에게 감춰져 있으나, 그 대신 우리에게는 살아 있는 끈이 우리를 다른 세계, 드높은 천상 세계와 이어주고 있음을 느낄 수 있는 비밀스럽고도 소중한 감각이 주어졌으며 … 그 뿌리는 이곳이 아니라 다른 세계에 있느니라.

-『카라마조프가의 형제들』 中

심판대에 선 그리스도
— 우리의 판단을 뒤흔드는 복음에 관하여

초판 1쇄 | 2018년 8월 31일
4쇄 | 2025년 3월 11일

지은이 | 로완 윌리엄스
옮긴이 | 민경찬 · 손승우

발행처 | 비아
발행인 | 이길호
편집인 | 김경문
편 집 | 민경찬
검 토 | 방현철 · 여임동 · 이민희
제 작 | 김진식 · 김진현
재 무 | 이남구
디자인 | 민경찬 · 손승우

출판등록 | 2020년 7월 14일 제2020-000187호
주 소 | 서울시 강남구 봉은사로 442 75th Avenue 빌딩 7층
주문전화 | 010-3320-2468
이메일 | viapublisher@gmail.com

ISBN | 978-89-286-4388-2 (04230)

* 값은 뒤표지에 있습니다. 잘못된 책은 구입하신 곳에서 바꾸어 드립니다.